Dreams come true
with The Treasure Map

［新版］

幸せな宝地図で
あなたの夢がかなう

望月俊孝

ダイヤモンド社

夢は不思議な形で実現します！

本《ほん》田《だ》 健《けん》

「宝地図」には魔法の力があります。

私が望月《もちづき》俊孝《としたか》さんの「宝地図セミナー」に参加したのは、20年以上前になります。

そのときに、半信半疑でつくった「宝地図」に貼った内容は、想像を超える形で実現しました。ライフワーク、心の平安、経済的豊かさ、自由時間、家族、付き合う人など、当時「宝地図」で描いた以上の人生が実現しました。

望月さんは、不思議な力を持っています。彼と出会う人は、自分の本当の人生の可能性を思い出し、「ひょっとしたら自分にだってできるかも」と考え始めます。彼はいつも周りの人に気を配り、人の幸せや成功をさりげなくサポートをすることに喜びを感じる人です。

20年という彼との付き合いのなかで、普通なら投げてしまうような状況でも、望月さんが自分の豊かな未来を信じ、切り開いてきたのをごく身近に見てきました。

現在、彼は会社経営のみならず、講演、人材教育など、多くの分野にわたって目覚ましい成功を収めています。このたび本書『［新版］幸せな宝地図であなたの夢がかなう』を通じて、**この「宝地図」のエッセンスが、多くの人の可能性を目覚めさせ、そして「自分の夢をもう一度生きてみよう」という気にさせることを、心から願っています。**

大切なことは、遊び感覚で楽しむことで、真剣に考え過ぎないことです。「こんなことがかなっちゃったらどうしよう！」という感覚でやってみると、忘れた頃にいろんなことが実現すると思います。

この地図をつくっても、お金もいっさいかからず、あなたには何のリスクもありません。「宝地図」のまわりには、楽しみがいっぱい詰まっています。つくっている間も楽しいし、地図に写真を貼り付けたり、夢を書いたりしているだけで楽しくなってきます。

そして、夢が少しずつ実現しているときの喜びは、ぜひあなた自身が体験してください。私の人生に起きたように、あなたの人生にも楽しいことがいっぱい起こると信じています。あなたも、この不思議な魔法にかかってみてください。

はじめに

1時間でつくれて、毎日1分ながめるだけなのに「夢をかなえる魔法の道具」があるとするならば、あなたは手に入れたいと思いませんか？

「そんな馬鹿な！」「まさに夢物語だね」

と多くの人は鼻でせせら笑うにちがいありません。忙しい毎日と、思うようにならない現実に直面していると、そう考えるのも無理もないでしょう。

実は、私もそんな人間のひとりでした。20年前、この「宝地図」に出会うまでは……。

しかし、魔法でも夢物語でもない、現実のテクニックとして、「夢をかなえる道具」に私は運よく出会うことができたのです。そして、平凡な私が無理することなく夢をかなえていった方法をこれからご紹介します。あなたが費やす時間と費用は、この本を読む1時間とその道具をつくる1～2時間、毎日1分ながめること、そしてこの本代だけです。

科学的な裏付けもあって、しかも成功した人がたくさんいるとしたら、あなたも「ちょっとだけ話を聞いてみようかな」という気になりませんか？

実は、その画期的な方法が「宝地図」という夢の実現法なのです。

あなたは、この本を手にする前にも、こんな話をお聞きになったことがあるでしょう。「人生は思い通りになるんだよ」「思考が現実となるんだ」「イメージにはすごい力があって、鮮明に描いた夢は必ず実現できるんだよ」「口ぐせひとつで人生は変わる。積極的、前向きな言葉をいつも唱えよう」といった話です。

偉大な成功者・哲学者・宗教家が、もう二千年も前からいい続けていることですね。これらの言葉は、成功法則や幸せについて研究してきた者としては、「真実である」ということを保証します。ただ、私たち人間は、頭ではわかっていても、実際にやれることとやれないことがあるのもまた事実ですね。

そう。意志の強い、能力のある人にはできても、普通の人にはわかっていてもやれないことがあります。本書では人がつまずきやすい点とその解決法もご紹介していきます。詳しくは本章に譲るとして、この「宝地図」についてカンタンにご紹介しましょう。

「宝地図」は実にシンプルなものです。誰もがお読みいただければ納得し、「これなら自分でもできそう」と思う方法です。しかも楽しく取り組めます。

そして肝心なことは「効果があるか？」ということですが、それは保証付きです。

でも10年前、私が紹介するまでほとんど語られてこなかった方法です。その方法とは？

「大きな紙（コルクボード）にあなたの夢を書きこみ、イメージや写真を貼っていく。それを部屋に飾って、毎日眺めるだけです。それを始めると心がワクワクし、自然に行動したくなり、やがてあなたの夢がかなってしまう」というものです。それも人生のバランスをとりながら……。

「そんな単純なことで夢がかなったら、苦労はないわよ」「その程度のことで実現するなんて、大した夢じゃないよ？」と、そんな疑問を持つ人も少なくないでしょう。もちろん、ただそれだけではありません。でも「宝地図」がきっかけとなり、多くの人が夢をかなえていったのです。では、ここで「宝地図・実践者の声」を少しだけご紹介いたしましょう。

【「宝地図」実践者の声】

●独立して3カ月、「宝地図」で自己肯定感が高まり、サービスを充実させたところ、売上は2倍、労働時間は半分に！

（ひなた麻衣さん　29歳　イメージコンサルタント）

●「宝地図」に描いたイメージ通りのマイホームを、育ち盛りの子供4人、女手ひとつでキャッシュで購入。毎月1回のペースでテレビ・雑誌などの取材依頼・出演もあり、すでに30回以上もメディアに出演。

（小松美和さん　40歳　節約アドバイザー）

●子持ちシングル41歳女性が、まさか1カ月後に運命の人に会えるなんて想像もしていませんでした！　相手の条件リストも21項目中、20項目も当てはまっている運命の人と出会えました。出会って2日目でプロポーズをされました。

（岡田みちさん　41歳　主婦）

●「宝地図」に書いたことがすべて達成できました。本を3冊出版、恋愛カウンセラーやセミナー講師になり、3年で2000名の受講生。海が見える場所に住む（葉山に海の見える家を購入）など。自分が手に入れたいものを引き寄せてくれる「宝地図」と出会えたことに心から感謝です。

（久野浩司さん　42歳　恋愛カウンセラー）

●「宝地図」のおかげで、4年前と比べて売上約50倍。理想のパートナーとの出会い。カウンセリングサロンの開設と、お客様から感謝の言葉を受け取る日々となりました。

（神戸正博さん　34歳　カウンセラー）

●「やせてイキイキしていた頃」の自分の写真を「宝地図」に貼り、25キロのダイエットに成功しました！　そのダイエットの体験をもとに本を出版（現在4冊）、海外にも翻訳され、「宝地図」のおかげで着実に夢の階段を上っています！

（小林一行さん　40歳代　ダイエットセラピスト）

●「愛」「資格」「美」「経済的余裕」の4つを「宝地図」に書きました。それから人生が好転し、2年後に資格取得。仕事も収入が2倍に。一番の驚きは、10年間、片思いの相手から、まさかの告白！　公私ともに、温かい人たちに囲まれ幸せです。

（望月香奈恵さん　36歳　ファイナンシャル・プランナー）

このように「宝地図」をつくれば、夢がどんどんかなっていきます。夢の大小によって実現までの時間はちがいますが、「宝地図」によって夢の実現に向かって実際に歩いているという確かな実感が得られます。ですから、毎日がワクワク、ドキドキの連続です。しかも、幸せについて、日々、深く考え、実感することもできます。

その証拠のひとつが私の人生です。私自身が数千万円の借金を抱え、リストラされてしまったどん底状態から、起業し、著書累計も70万部を超え、各種メディアに「幸せな小金持ち」として紹介されるようになったのも、この「宝地図」があったからこそです。

「宝地図」によっていまの大好きな仕事に恵まれて、楽しいことの毎日へ導かれているからです。また、この10年間、全国に「宝地図」の実践者・成功者が急激に広がっています。

さあ、あなたも「宝地図」をつくり、その地図を手がかりに、これまでかなえることができなかった夢の実現に乗り出しましょう。しかも楽しみながら……。

ナビゲーターは私にお任せください。**「宝地図」さえつくれば、「今日からのあなたの人生が大きく変わっていく」ことを、お約束いたします。**

本書を手に取ったあなたの夢が、現実になることを心から願っております。

2014年3月

宝地図ナビゲーター　望月《もちづき》　俊孝《としたか》

［新版］幸せな宝地図であなたの夢がかなう

目次

Contents

第1章

宝地図ってなんでしょう？

あなたの「夢の実現」に導いてくれる魔法の地図

第2章

宝地図で夢がかなうのはなぜ?

潜在意識は、ワクワクする情報を忘れない

第3章
宝地図を活かし、夢を実現させるテクニック
このアイデアが、あなたの目標達成を加速させる

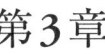

●カバーデザイン／重原 隆
●イラスト／AKIFU
●本文デザイン／斎藤 充（クロロス）
●編集担当／飯沼一洋

第1章

宝地図ってなんでしょう?

あなたの「夢の実現」に導いてくれる魔法の地図

001

夢をつかむ人、夢をあきらめてしまう人

世のなかは、長年の不況で先行き不透明。リストラ、家庭内暴力、殺伐とした事件の連続……。

そんななかでも、自分の才能を発揮し、生き生きと毎日を過ごし、夢を達成し、周りに希望を与える人たちもいますね。20年、30年、40年……も生きてくると、「夢と現実」のギャップを埋められず、自分の無力さを味わった経験は誰しもあることでしょう。ましてや、ともすれば暗い話題の多い時代、次のように考えるのも無理はありません。

「夢を自分のものにする人は、特別な人か、すごく運のいい人にちがいない。もしかすると自分には、そんなチャンスなんか訪れないかもしれない」

しかし、それは賢い考え方ではありません。それどころか、そのような考え方こそが、「チャンスを見逃している自分」をつくってしまい、夢の実現を遠くに押しやっているのです。

近年の大脳生理学と心理学の研究で、「人の心&脳の働き」と「願望の実現」との関係が解明されつつあります。それによると、「イメージやビジョン」がイキイキと描ける人ほど、思い通りの人生が送れることがわかってきました。つまり、「イメージ」と「成功」には、密接な関係があることがわかってきたのです。

成功者や幸せな小金持ちと呼ばれる人たちは「自分の夢を明確なイメージ（ビジョン）にして描き続ける」ことができるのです。描き続けると自然にアイデアが湧《わ》き、果敢に行動でき、チャンスを手に入れることができるのです。イメージできない人よりもはるかにカンタンに……。

自分の心のなかにある夢を、「イメージという形」にする能力がある人は、成功への近道に立っているのと同じです。

しかし、誰もがそんな能力を、いま現在、持っているわけではありません。

夢や希望が心のなかにもやもやと存在するものの、輪郭すらつかめず、イメージはおろか、言葉にもできないという人はたくさんいます。いえ、ほとんどの人がそのような人たちなのです。その人たちはどうしたら、自分の夢を形にすることができるのでしょうか。

大丈夫です、ご安心ください。その答えが、私が、これからあなたにお伝えしようとしている「宝地図」なのです。

002

あなたは右脳派、それとも左脳派？

「宝地図」の役割は、あなたの心の内側にある「ぼんやりとした願い」を、「明確にイメージできる形」で目の前に現わすことにあります。そうすると、あなたの脳と感情にスイッチが入り、ワクワクしてきます。忘れていた情熱やエネルギーが蘇《よみがえ》ってきます。

その結果、あなたの脳が自然に無理なく繰り返し夢をイメージすることになり、行動に結び付いていくのです。それも「努力しているな、頑張っているな」といった根性やストレスとは無縁のまま。

たったそれだけのことで、脳はあなたの本当の夢や目標を認識し、実現する方向に向かって働き出すのです。**面白いのですが、明確なイメージを頻繁に描くと、脳がそれまで見落としていたもののなかから、「チャンス」を無意識のうちに拾い上げてくれるのです。**自分には「関係ない」と見過ごしてきたものを、「成功への重要なステップ」として気づくようになってきます（このあたりの科学的な根拠は後でご紹介します）。

実はこれが「宝地図」の〈魔法〉なのです。

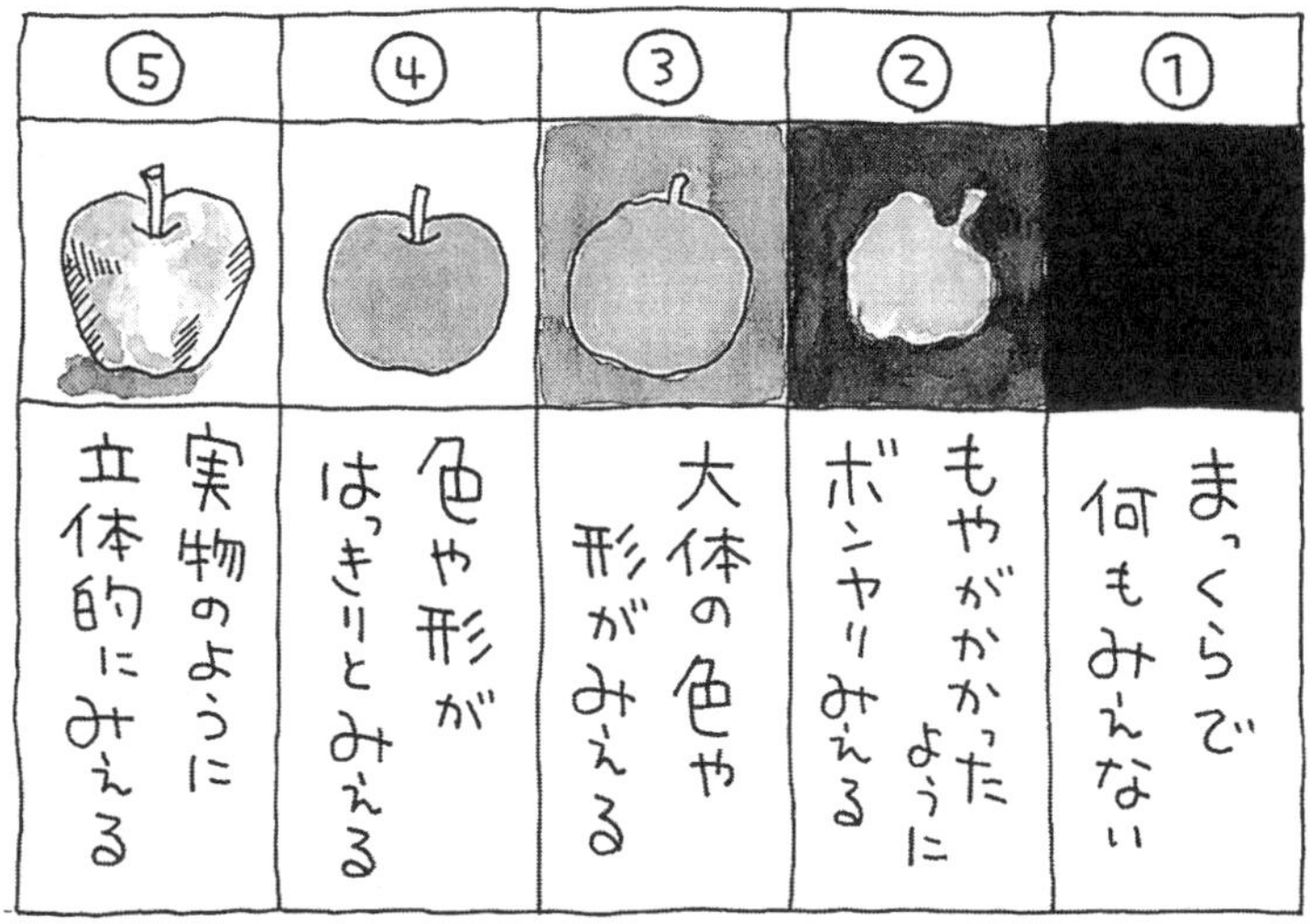

さて、ここでカンタンなチェックをしてみたいと思います。

あなたがイメージを描くのがカンタンにできるか（右脳派）、それよりも言葉で考えるのが得意なタイプ（左脳派）なのか？

では目を閉じて、頭のなかに真っ赤なりんごをイメージしてみてください。あなたが描いたりんごはイラストの何番に近かったでしょうか？　ご安心ください。5番のように描ける人は10％程度しかいません。

1番、2番？　何の問題もありません。「宝地図」さえあれば……。そんなあなたにこそ本書を読んでいただきたいのです。

3・4・5番の方、おめでとうございます。「宝地図」を知り、活用すれば、さらに夢の実現が加速しますよ！

003

努力いらずのもうひとつの方法「写真活用・成功術」

「イメージを上手に描くこと」と成功との因果関係にカンタンに触れました。ところで、りんごのイメージが1番、2番だったあなたは、ちょっとがっかりしたかも知れませんね。でもそんな方でも大丈夫です。実は私もいまでこそハッキリ見えるようになりましたが、実は20年あまり前、能力開発のセミナー会社に入社したときは、1番、2番の状態でした。

成功哲学では「ありありとイメージせよ。目の前にあるかのようにハッキリと想像せよ」と唱えているものですから、どうしたらイメージできるのだろうか？　と悩みました。

そしてわかったことですが、ほとんどの方が私と同じ悩みを持っているということでした。「鮮明にイメージできないんです」「映画を見るように描けっていうのですが、どうやったらできるんですか？」って、質問を数千人以上の方々から受けてきたのです。

そこで、試しに前のページのようなイメージ・チェックをしたら、5番のように見える人はごく一部の方（1割にも満たない）しかいなかった、ということがわかりました。

そこで試行錯誤しているなかで出会ったのが、「宝地図」だったのです。「これなら、イメージが鮮明に描けない人でも、夢や目標を達成しやすくなるじゃないか？」と、小躍りしたことをいまでも思い出します。

さてこの「宝地図」と似ている方法で「写真活用・成功術」という面白い方法もあります。これは「夢や願望をすでに達成したシーン」を想定して写真に収めるという方法です。たとえば、**自分が望むイメージに近い家があったら、その家の前で写真を撮らせていただき、さも自分が手に入れたかのように感じる**。また、「手に入れるぞ」と決意し、いつも眺めるという方法です。

余談ですが、最近は新婚旅行などでハワイやオーストラリアなどへ行くと、「豪邸探訪」というメニューが組み込まれていて、その家の前でカップルが仲よく写真に収まるそうです。

「写真活用・成功術」では、ただ写真に収めるだけではありません。写真を眺めて「ステキな家で幸せな毎日を楽しんでいるふたり」を潜在意識にまで深く刻み込みます。もちろん、目標と情熱を持って、仕事に励む、という過程は必要になりますが、これも面白い方法ですね。

004

無一文から上り詰めた全米屈指の日本人資産家の習慣

「ロッキー、あなたさえよければ、このロールス・ロイスを自由に使ってもいいのよ」

ミッシェルは、日本人の若者にそのキーを手渡しました。

その半年前のことです。若者は豊かな生活を送ることを固く決意し、その最初のステップとしてロールス・ロイスを手に入れることを決めました。彼はすぐに行動します。**ロールス・ロイスを持っている人に頼み、写真を撮らせてもらったのです。何枚も何枚も。**

運転席に座り、ハンドルを握って運転をしているシーン、車の前や横に立ってニッコリ笑っているシーンも忘れてはいません。いろいろな角度から写真に収めました。

そして、その写真を肌身はなさず持ち歩き、時間があるとかならず眺めるようにしました。

その結果、ガールフレンド・ミッシェルからのプレゼントを招き寄せたのです。

この若者は、後に全米屈指の資産家となりました。ベニハナ・チェーンのオーナーとして有名なロッキー・青木氏です。

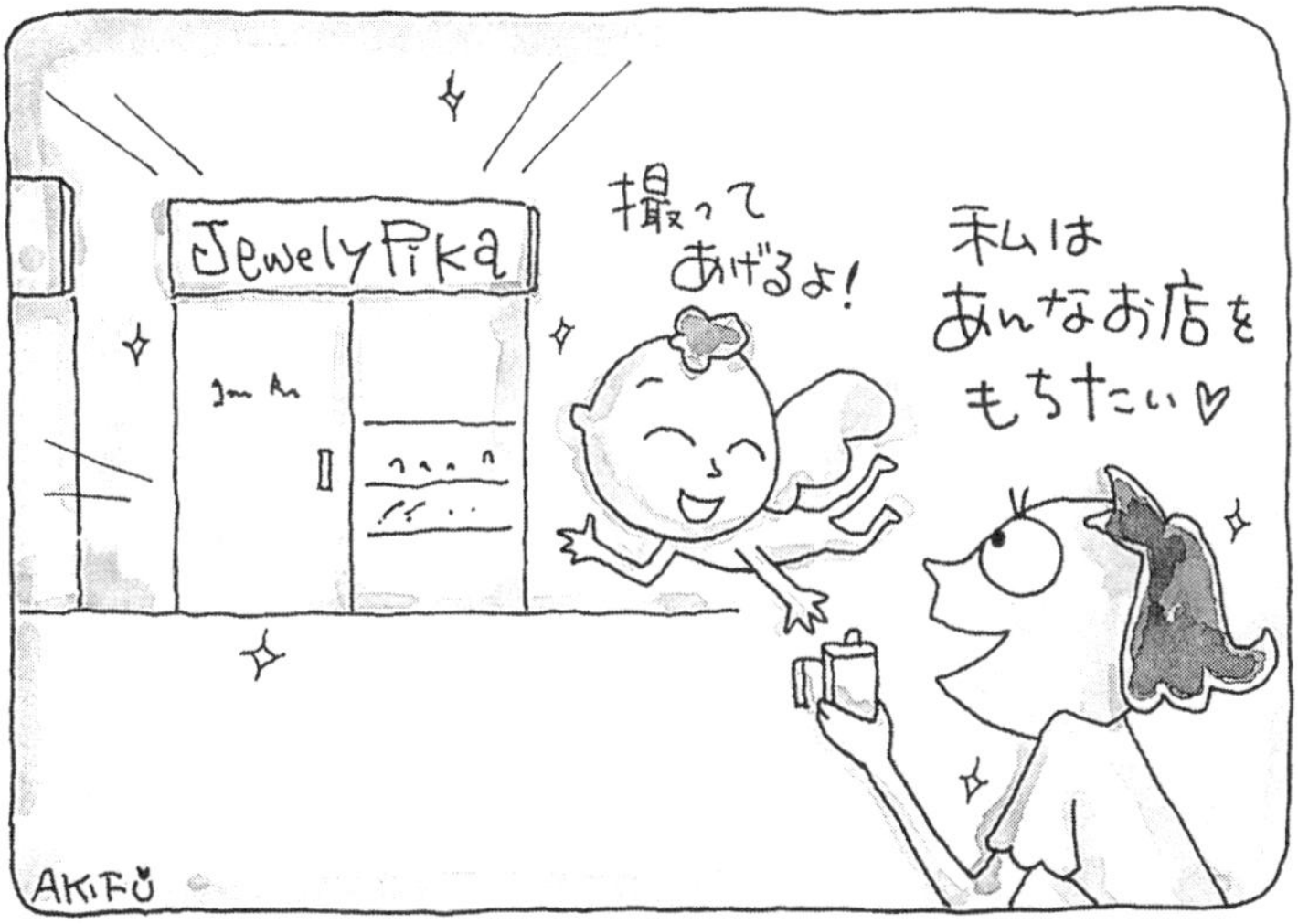

青木氏は夢や目標を写真に収め、それを眺めるという「写真活用・成功術」で次々と夢をかなえていきました。

レスリングの全米チャンピオンになったときも、あわや強敵に負けそうになったそうです。そのとき、逆転勝利を呼んだのが、Vサインを出してチャンピオンベルトを締めている自分の写真でした。さらにお城のようなベニハナ1号店、自家用ジェット機、全米屈指の資産家の地位へと、数々の写真が彼を運んでいきました。

青木氏も最初はただの青年。無一文でアメリカに渡って、ほとんどの人がしたことがないほどの下積み経験からスタートしたのです。決して特別な人ではなかったのです。

005

夢をあきらめてしまう10の理由

昔から、多くの人たちが独自の「目標達成法」、いわゆる「成功方程式」を発表してきました。

・自分の夢をスローガン（短い言葉）にして部屋に貼り出し、毎日、それを朗読する
・計画を立て、達成期日を設定し、毎日毎日、進捗状況を確認し、確実に行動する
・成功した自分の姿を想像し、そのイメージを強化するためにストーリー化する
・積極思考になり、断固として成し遂げる決意を固める

などなど。それらのどの方法も、確かに夢を達成したり、目標に近付くためには有効です。しかし、いくつかの問題点もありました。それは、**実践すれば効果が高いことはわかってはいても、普通の人にはなかなか実行できないし、続けられないということです。**

では、具体的にどんな点に多くの人がつまずいてしまうのでしょうか。

【1】最初から夢の実現をあきらめている
【2】イメージがうまく描けない
【3】やる気や情熱が長続きしない
【4】具体的な行動・実践に結び付かない
【5】目標を日々の忙しさのなかで忘れてしまう。忘れなくても思い出す回数が少ない
【6】能力やセルフ・イメージが夢に程遠いと思ってしまう
【7】努力や苦痛を伴う。効果が上がらない方法をただ繰り返してしまう
【8】忙しいなかで夢実現に取り組む時間がとれない。習慣化できない
【9】成果がはっきりと感じられない。成果が出るまで信頼して待つことができない
【10】積極思考だけでは、金なし、知恵なし、人脈なしの壁を突破できない

ざっと見てもこのようなことがあるでしょう。

あなたももしかしたら、思い当たることがありませんか？　そこをうまく補完してくれるのが、これから紹介する「宝地図」なのです。

006

「宝地図」作成の8ステップ

ではここで、早く本題に入りたくてウズウズしている方に、「宝地図」のつくり方をカンタンに解説いたしましょう。

・**【第1ステップ】** 模造紙もしくはA1（約85×60㎝）程度の大きい白紙かコルクボードなどを用意し、一番上にあなたの名前かニック・ネームを入れて「○○○○の宝地図」と書きます（できるだけカラフルに視覚に訴えるようにしましょう）

・**【第2ステップ】** 紙の中央か目立つところに、あなたがニッコリと幸せそうに笑っている写真を飾ります。あるいは家族と一緒の写真など、喜びや楽しみを共有したい人たちが笑顔で写っている写真でもよい

・**【第3ステップ】** 手に入れたいものや目標を具体的に示す写真やイラストなどを数点、雑誌、カタログ、インターネットから抜き出し、配置する。どのように配置するかはあなたのフィーリングで決めて結構です

・**【第4ステップ】**明確な目標を設定するため、写真やイラストでは補いきれない部分は文字で記入します（期限とか条件など）
・**【第5ステップ】**この目標があなたやほかの人々のより高い利益に貢献するようアイデアを膨らませ、その理由を書き出します
・**【第6ステップ】**目標達成することが、「あなたの人生の目的や価値感に沿ったものか？」「手に入れたいものの本質は何か？」考えます
・**【第7ステップ】**具体的な一歩として行動計画、行動リスト「今週（今月・今日）の実践」を記入する（4、5、7のステップは大きめのポストイットを使うと書き直し・貼り直しが自由にできて便利です）
・**【第8ステップ】**完成したら（もちろん完成前でも）頻繁に目にするところに飾り、眺めます

また、できたら「宝地図」自体をデジカメで撮り、プリントして、手帳のなか、定期入れ、トイレなど、目に付く所に貼ります。とくに携帯電話の待ち受け画面に登録するのをお勧めします。見れば見るだけ、それだけ効果が上がりやすくなるのですから。

宝地図作成の8ステップ

Step 5
旅行へ行くと
私の世界が広がる…
人との
出会いも
あって…
ステキだね！
Step 6
1億円手に入ったら
両親に家をプレゼント！
庭がほしいって言ってたなー
彼には…
よろこぶネ！
Step 7
今週中にガイドブックを買って
旅行会社でパンフを
もらってくるわ！
家の写真も
とろうよ！
Step 8
夢子の宝地図
輝き…
宝石店オーナー
平和
8月までに
島へ…
庭つき1件家
スタイルOK
できたわ！
やったァ！
こんなところに
手帳の中
定期入れに
トイレの壁
おでこに…
うそ！

007

「宝地図」作成にベストなのは、Ａ１サイズのコルクボード

さあいよいよ、あなたの「宝地図」をつくりましょう。ここからは、あなたが自分の「宝地図」をつくるために必要なことを、順番に説明していきます。あくまでも標準的なパターンです。あまりとらわれずに、あなたなりの個性を出していただいてかまいません。

まず最初に用意するのは、「宝地図」のベースになるコルクボードです。文具店やホームセンター、画材店などで、Ａ１サイズ（約85×60㎝くらいの大きさ）程度のものを手に入れて、それを使いましょう。Ａ２、Ａ３くらいのものでも使えますが、雑誌・カタログなどから目立つ写真を切って貼るので、ある程度の大きさがあったほうがいいでしょう。

というのも、最初は小さくて十分と思っていた人がつくり始めるとＡ２程度では納めきれない、ということが多いのです。それは夢がどんどん広がっていくからです。

それに「宝地図」は大きいほうが目に飛び込んでくるので、より効果的です。もちろん、部屋の広さや掲げる予定の壁を考え、大きさを決めてください。

コルクボードをおすすめする理由は、差し替えが便利でスムーズに、しかもきれいにできるからです。長い目で見ると模造紙より使いやすいでしょう。私は最初は模造紙を使っていました。数字や期限、条件を文字で書き込むのに便利だからです。

しかし、何年も使い、目標達成したり、内容を差し替えたりするときに、貼ったりはがしたりします。そのとき、体裁が汚くなってくるので、毎年いちいちつくり直していました。それが段々面倒になったのです。

それを考えると、コルクボードはピンで留めたり、テープで貼ったりするのが自由自在です。たとえば、より魅力的な家の写真が見つかり貼り替えたくなります。内装や調度もぴったりのものが出てきます。そのときにサッと貼り替えられるのはとても便利です。そして常に最新の「宝地図」にバージョン・アップできるので、効果も上がります。

また、コルクボードは軽くて壁に立てかけられますし、値段もそれほど高くありません。だいたいA1の大きさでつり下げ金具とヒモがついて1000~2000円程度です。しかし、模造紙でも結構です。**一番大事なことは、とにかく、いますぐ始めることです。**そして、遊び心、制限をはずして熱中して行うことです。あなたの未来を自由に白紙に書いてかまわないといったら、どんなことを書くでしょうか?

008

タイトルづくりとあなたの写真選び

コルクボードか模造紙を用意したら、【第1ステップ】は「タイトルづくり」です。自分の名前かニックネームを書いて「○○○○の宝地図」ときれいにタイトルを書きましょう。

タイトルだけでなく、「宝地図」作成全般にいえるのですが、カラフルに遊び心を持って、視覚的に訴えるようにつくっていきましょう。

ちょうどあなたの視線を釘付けにする広告やポスターだと思ってください（もちろんあなたがデザイナーであったり、センスが必要だ、というわけではありません。芸術的でなくても十分効果があります）。

そして**【第2ステップ】は、真ん中もしくは目に付くところに「あなたの笑顔の写真」を貼ります**。手持ちの写真のなかから、あなたができるだけ幸せそうで、いい表情をして

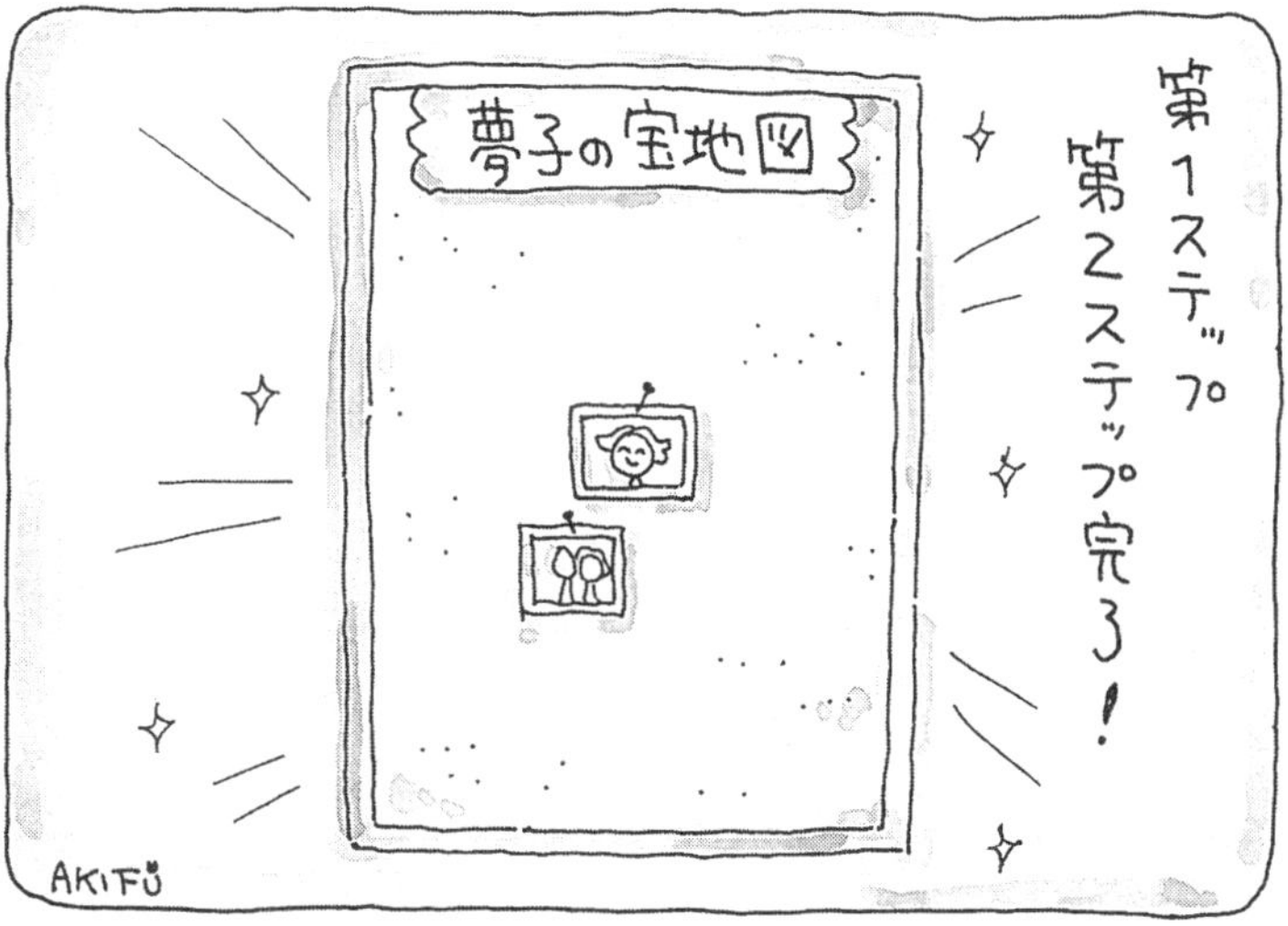

いるものを選んで貼ってください。

それに加えて、家族やパートナーなど、喜びや楽しみを共有したい人たちが笑顔で写っている写真を貼るのもいいでしょう。夢の実現を応援してくれる人の笑顔に囲まれ、やる気もますます高まってきます。

ただし、全身の写真よりも、顔が中心で、表情がしっかりとわかる程度の大きさがおすすめです。「その写真を見るだけで幸せな気分になる」ような笑顔を撮りましょう。

なお、写真は何枚か用意しておくと便利です。「宝地図」のなかに何枚も自分の気に入った写真を貼るのもいいでしょう。

009

なりたいイメージに合った写真やイラストを貼り付ける

次がいよいよ「宝地図」作成でもっとも楽しい作業です。あなたが欲しいと思うもの、なりたい姿をイメージして、写真などを貼っていく【第3ステップ】です。

あなたが手に入れたいな、なりたいな、と思う写真やイラストをできるかぎり集めましょう。インターネット、雑誌、カタログ、パンフレットなどを集めて、そのなかからピンときたものを選んで切り抜いてボードに貼り付けていきます。写真や形になりにくい、性格・才能・人間関係などは、どんな感じでありたいのかメモしておいてください。いずれ象徴的に現すイメージが見つかります。

カタログや雑誌を見ていくときに、「あ、これステキー」「ワー、いいなー」といった感動する心、湧《わ》き上がる情熱に注意を向けてください。

というのも、**このステップを行う途中で、あなたの「本当の夢や目標を発見する人が多い」のです**。表面的な願望ではなく心から湧き上がる夢が浮かんできます。いままで夢を閉じ込めていたブレーキが解かれて、可能性に向かっていく勇気と情熱が湧いてきます。

よく「燃えるような情熱を持て」と成功者が言いますが、夢のイメージが明確でないと、そのような情熱を持つことはできません。

それがこのワークをやるなかで情熱がどんどん湧いてきて、夢を達成したシーンへ心は一直線に飛んでいきます。「宝地図」の講座では20〜50人くらいで一斉にこのワークを行うのですが、仲間とつくるとより効果的です。それぞれが持ち寄ったカタログをお互いに眺めながら、「こんなことがしたかったのよ」「3年前にあきらめたんだけど、なんだかできそうな気がしてきたわ」などと童心に帰って、目をキラキラ輝かせながら、皆さん、作成をしていきます。その姿を拝見するのが、私の生きがいのひとつでもあります。

さて、手に入れたいものを切り抜いて集めたら、今度はそれを「宝地図」に配置していきます。とくにどのように配置するか、ルールはありません。あなたのセンスで決めていただけばよいのです。ただ、例やパターンがあると想像しやすいと思いますので、参考としていくつか第3章でもご紹介します。

このワークだけでも、「宝地図」に魂が込められますので、明日から見える現実がちがってきます。家のなかの目立つ場所に掲げて、夢をふくらませていきましょう。

010

「いますぐ、できること」から、すぐ始めましょう

さてここまでのステップだけでも「宝地図」は半分完成したといってもよいでしょう。あなたの情熱にスイッチが入ります。脳が勝手に働き出します。「どれを一番の夢にしようか？」「カラーコーディネーターの資格取得とヨーロッパ旅行、どっちを優先しようか？」と、「宝地図」を意識した心の動きが、いまこの瞬間から始まるからです。

何か行動を起こすとき、「いますぐ」にまさるものはありません。どんなに大切なことだと思っても、どんなに感動したことでも、時間がたつと情熱は失せて、モチベーションが低下していくからです。**「いまは時間がないから後でやろう」と思うより、「時間が○分だけとれるから、いますぐ、ここまでやっておこう」と行動したほうが、必ずよい結果に結び付きます**。ですから、コルクボードがなくてもかまいません。「○○○の宝地図」というタイトルと貼り付ける写真が何かひとつでもあれば十分です。

「宝地図」をつくることは、退屈な作業ではなく、「あなた自身の幸せをクリエイトする」

ことです。始めたら楽しくて「なぜいままでやらなかったんだろう」という人がたくさんいます。幸せに向かっていま、一歩踏み出しましょう。幸せを、明日に先延ばしする必要はありませんね。いますぐ、できることから始めましょう。

写真もカタログもない、あるいは夢にふさわしいイメージや写真が見つからない人も、手近にある紙にあなたの夢や目標を文章だけでも結構ですから、いますぐ書きましょう。そして机の前やテレビの横にでも貼っておきましょう。それもあなたの立派な「宝地図」なのです。

あなたの夢の実現に向かって、第一歩を踏み出しませんか。

011

「SMARTの原則」で期限、条件などを文字で補う

【第4ステップ】では、**さらに夢を明確にするために期限、条件など、写真では説明できない部分を「文字」で補ないます**。

ここで「SMARTの原則」をご紹介しましょう。私が尊敬し、経営コンサルタントやベストセラー作家など幅広くご活躍をされている神田昌典氏から教わった目標設定の方法です。知っておくととても役立つ知識です（『非常識な成功法則【新装版】』フォレスト出版・神田昌典著）。

『SMART』とは、

S（Specific）具体的である
M（Measurable）計測ができる
A（Agreed upon）同意している
R（Realistic）現実的である

T（Timely）期日が明確

ということです。あなたがヨーロッパ旅行をしたい、そしてそのイメージを貼っているとしましょう。その場合、たとえば、左記のようになります。

S（Specific）具体的である（ヨーロッパとは何カ国に行くのか？）

M（Measurable）計測ができる（費用はどのくらいで、滞在日数は何日以上か？）

A（Agreed upon）同意している（この旅行は心から行きたいものか？）

R（Realistic）現実的である（このぐらいの費用は十分稼げるし、会社も休める）

T（Timely）期日が明確（２０１５年９月30日までに）

それ以外にも条件はないか、調べて記入します。誰と行くのか？　ベストな時期はいつか？　そのためには何を準備したらよいか？　など。そのなかから絶対必要なことを「宝地図」に文字で記入するとよいでしょう。とくに期日はできるだけ書くようにしましょう。

なお、「宝地図」はあなたの限界を広げる役目もしますので、Ｒ（現実的である部分）については、多少大きく考えてもかまいません。

012

夢の実現の加速度をさらに高めるためには

【第5ステップ】は、**「宝地図」に描いた夢が、「あなたやほかの人々の、より高い利益に貢献する理由」を書き出します。**

このステップはとても重要です。なぜなら、このステップを行うことにより、さらに夢の実現が加速し、あなたの夢が表面的なものではなく、あなたの本質や人生の目的としっかりとリンクするようになるからです。

さて、このステップで人に貢献することを考えるのは、何も人格的にそうしたほうがいい、という精神論や道徳で言っているのではありません。たとえ利己的な目標であっても大いに結構です。

ただ、私たち人間は、本質的に人に喜んでもらえることにはエネルギーがどんどん湧いてくるようにできています。

祝福や喜びも、人と分かち合ったほうが嬉しいに決まっています。

多くの人に貢献し喜ばれることと、あなたの夢がつながっているのを知っていると、実現する前からパワーが溢れてきます。そんなあなたに、協力者も引き寄せられるように現われやすくなります。

ですから、夢の実現によって何が周りの人に与えられるのか、考えて書き出しましょう。

【第6ステップ】は、「夢があなたの人生の目的や価値感に沿ったものか」を考えます。

「願望を達成した。社会的に評価されるような実績を残した。しかし、人生のバランスが崩れてしまった。かえって不幸を呼び込んでしまった」なんてことが、世のなかにはありますね。

たとえば、家族を幸せにするために一生懸命働いて、収入を増やした、昇進した。ところがいつしか、目的と手段を取り違えてしまっていた。稼ぐのに忙しく、家族とのコミュニケーションをとる暇もなく、家族を幸せにするどころか、家庭が崩壊してしまった、とか。そんな悲劇を未然に防いでくれるのです。

013

ちょっとした工夫が、夢実現の時間を短縮する

【第7ステップ】は、**具体的な一歩として行動計画、行動リスト「今週（今年・今月・今日）の実践項目」をポストイットなどに記入し「宝地図」や手帳にも貼ります。**

「宝地図」や目標は、ただ紙に書くだけでも実現しやすくなります。やる気が高まり、アイデアや情報が集まりやすい脳の状態になるからです。

しかし、確実に効果を高めるためには、具体的な計画や行動が必要なのは言うまでもありません。日々の行動・実践が夢を引き寄せます。

【第8ステップ】は、**完成したら（もちろん完成前でも）家のよく目につくところに飾り、眺めます。**

また、できたら「宝地図」をデジカメで撮り、プリントして、机の上、手帳のなか、定期入れ、トイレなど、ふだん目に付く所に貼ります。携帯電話の待ち受け画面などに入れるのも、とてもよいでしょう。

「宝地図」を見れば見るだけ、潜在意識に深くしっかりとインプットされ、効果が上がりやすくなります。

ノーマン・ヴィンセント・ピールという自己啓発の大家は言いました。

「目標を紙に書いて6カ所に貼っておけ」と。

何も6カ所である必要はありませんが、できるだけ頻繁に目につくところに貼り、目標を確認するのは効果的です。

目に付くところに置いておくだけで、潜在意識は夢の実現に必要な情報やヒントをあなたに気づかせてくれます。

一説によると目標を紙に書いて、日々確認している人は、「わずか3％程度」だといいます。1日に何回もその目標を思い出す人は、さらに少ないことでしょう。

目につく所に置いておくだけで、潜在意識は夢の実現に必要な情報やヒントを、あなたに気づかせてくれます。

ちょっとした手間を惜しまなければ、夢実現の期間を大きく節約することになります。

014

誰でもできるけれど、ほとんどの人が実行していないこと

世界中で実に1億3000万部という記録的な大ベストセラーを続けている『こころのチキンスープ』（ダイヤモンド社）シリーズの共著者マーク・ヴィクター・ハンセン氏。氏は1974年、自分のテレビショーを持ちたいと目標を書きました。

いまでこそ世界的なベストセラー作家であり、名講演家ですが、当時は破産したばかりで一文無し。テレビ番組の放送・制作には莫大なお金がかかります。通常は笑い飛ばされる話でしょう。

しかし、「目標を書くことのいい点は、書くだけならどんなことでも書けること」です。

その9年後、テレビ局のディレクターから「あなたの番組をつくりたい」と、電話を受けました。

そのときの会話のやりとりが、左記です。

ハンセン氏「この電話をお待ちしていました」
ディレクター「なぜ私が電話をするとわかったんですか？」
ハンセン氏「9年前にテレビ番組を持つと、私が紙に書いたからです」

9年前から夢を持ちつつ、必要なことは行い、いつ実現するか？　誰がそれをもたらしてくれるのか？　どんな流れで実現するのか？　氏はきっとワクワクして待っていたか、確信していたことでしょう。


「誰でもできるけれど、ほとんどの人が実行していないこと」

それは、**「目標を紙に書くこと、そして必要なことを行い、信頼して待つこと」**です。

そして、さらにそれを一歩進めて、「宝地図」を描くことを始めましょう。

未来は「あなたが自由にデザインしてかまわない」と任されています。

目標を紙に書きましょう。「宝地図」を描いて、その日が来るのを楽しみに待とうではありませんか。

私は楽しみに待っていた夢がかなったとき、ハンセン氏のように言います。

「なぜ実現するのが、わかってたかって？　だって、『宝地図』に描いたからです」

015

3年で私の夢はすべて実現した！

さて、第1章の最後に、私について話しましょう。

私自身が20年あまり前のどん底状態から、各種雑誌やメディアなどで取り上げられ、著作も30冊を超え、6カ国語に翻訳され、海外も含め、年間200回の講演会を開催しているのも、この「宝地図」に出会ったからです（もちろん、すばらしいお客様や先生、スタッフに巡り会えたなど、数え上げればキリがないほど、いろいろな出会い、めぐり合い、幸運の結果ですが……）。

その頃の私は30代前半。あまり言いたくはありませんが、収入は27歳から年々下がる一方。自分の仕事を聞かれても説明に窮するほどでした（癒しとか能力開発といっても、何か変わったことをやっている人、という感じで、実績もなく、社会的な信用度に欠けていたことでしょう）。

男女関係にはほとんど縁がなく、体はぶよぶよ、肌にも声にも張りがない。しかもあげ

3年前
ふつうのOL
・それなりに幸せ
・それなりに満足
・それなり以上が欲しい！
・何となくものたりない
・ふつうのレジャーはあきた
・生きがいって何？

3年後
私らしく幸せ！
・人生を共にするパートナー
・日々ワクワク
・すばらしい家族・友人
・ライフワークを生きている
・経済的自由
・心の平安
・社会とのつながり
AKIFU

くの果てには、多額の借金をかかえたうえ、一生懸命尽くしたつもりだった会社から突然リストラされる。つまり、うだつの上がらない「見本」みたいな男でした。

でも、それから急展開。たった3年で、当時、私が抱いていた夢は、すべて実現してしまいました。

その夢は、まず独立して自分が「天職」と思える職業につくこと。そして年収は1200万円以上（その当時は、年収200万円以下だったんです）、理想の女性と結婚し、セミナー・ルーム付きの自宅を建てる。全国でセミナーを行い、著書も出版する。そしてそれにふさわしい能力・性格と人脈を得る。

まぁ、よくある夢かもしれませんが、当時のうだつの上がらなかった男にすれば、まったく手の届かない「夢物語」ばかりでした。「宝地図」にそんな夢のようなことを書くこと自体、気恥ずかしいことばかりでした。

でも試しに描いてみました。**それが、たった3年で、すべて実現してしまうとは、何より本人自身が一番びっくりしてしまいました**。その後は、多くの人から「本当に望月はツイてるよね」と、口々に言われるようにまでなったのです。

どうですか？　試しに「宝地図」を描いてみる価値はあると思いませんか？

たった1～2時間で、あなたの人生が大きく変わるのも夢ではないのですから！

第2章

宝地図で
夢がかなうのはなぜ？

潜在意識は、ワクワクする情報を忘れない

016

成功する人は成功ばかり、失敗する人は失敗ばかり？

人間の「意識」は、チャンネル機能を持った「拡大レンズ」です。「意識の焦点」を合わせたものを、ズームアップして見せてくれます。別の言い方をすると、たくさんの放送局のなかから、希望の番組を選択できる「ラジオのチューナー」といってもいいでしょう。うまくチャンネルさえ合わせれば、「意識」が拾い上げてくる情報は、無数のチャンスの種であり、あなたの人生を左右する情報です。**現実に存在する無数の情報のなかから、あなたの指令に従って「必要なもの」を選び出し、それを拡大して見せてくれます。**

ですから、あなたが意識をどんなことに、そして何に向けるかがとても大切です。それによって、「拾い上げられてくるチャンスの質や量」が変わります。現実がまったくちがって見えてきます。

ところが、チャンスどころか、「人生は苦痛に満ちている」とか、「世のなかがますます大変な状況になる」とか、「人を信頼してはいけない」「私は悲劇のヒロイン」といった情報ばかりに意識を向けている人が多々います。本人は自覚していないうちに……。

それが成功や繁栄や可能性や愛や感動ならすばらしいことですが、多くの場合、まったく逆の情報を探してきています。ツイてる人は一生ツイていて、ツイてない人は一生……。

「だって世のなかには、不幸や悲劇や、大変なことが溢れているじゃないですか？」と、あなたは言うかもしれませんね。

そうとはかぎりません。しかし、そのように思うようなら、なおのこと、「意識のチャンネルを何に合わせるか」が、とても大切になるのです。

ここでカンタンな実験をしてみましょう。いまから書いてある内容をしっかりと読んでいただけますか？

「次のページをめくると、『最初の2行』が太字で見出しになっています。その太字で書かれている『見出し』だけ読んで指示に従ってください。その指示を読んだら、何も考えず、すぐ目を閉じて、あるものの数を頭のなかで数えてください」

もう一度いいます。

「次のページの最初の2行の太字（見出し）を読んだら、すぐに目を閉じて、目を閉じた状態で質問に答えてください」

それでは次のページへどうぞ。

017

「いま、あなたの周りには、赤いものがいくつありますか？」

はい、すぐ目を閉じて、いくつあるか心のなかで数えてください。

さて、目を閉じた状態で、一体、いくつ思いついたでしょうか？

では、次に一瞬でいいですから、赤い（赤系の）ものがどのくらい見えるか、周囲を見渡してみてください。

日ごろから見慣れている環境だとしたら、10個くらい思い出せたかもしれません。でも、なじみのないところなら、ほとんど思い出せなかったことでしょう。仮にあなたが1時間以上そこにいたとしても……。


でも目を開けて回りを見渡した途端、一瞬にして「赤い（赤系の）」のものがたくさん眼に飛び込んできたのではないでしょうか？　このくらい、あなたの頭はいろいろなものを見落としてきたのです。これが「赤い」ものではなくて「夢をかなえるチャンス」だとしたらどうですか？　あなたはとっても多くのチャンスを見逃しているかもしれませんね。

3つしか浮かばなかった・・・・
自分のへやなのに・・・・
最初は
そんなもんだよ！
AKIFU

そして、「幸せや喜びを感じる種」さえもまったく見逃しているかもしれません。

でも、それがわかったら、いまから変えることができます。つまり、役立つことに、夢実現に近付くことに意識を向け続ければいいのです。そして頭に質問を投げかけておけばいいのです。

具体的には、「夢実現に役立つことはないか？」「幸せになるヒントはないか？」と、繰り返し潜在意識に質問をしておけばいいのです。

すると、いつでも、どこでも、何をしていても、あなたの脳は質問の答えを探し続けます。**明確な夢を持つと具体的な質問が生まれ、具体的な質問をすると適切な答えが現れるのです。**

018

これで、目標や幸せに関することが10倍集まってくる

「赤色探し」の実験で、脳のすばらしさと必要な情報を引き出す方法がわかりましたね。つまり、明確な夢や目標を持ち、質問を投げかけ、答えを探すように脳に命令しておけばいいのです。

となると、「いつもその質問を投げかけたり、自動的に質問をしてくれるようになればいいな」と思いませんか？　それを「宝地図」はスンナリかなえてくれます。

つまり、「目標達成と関連するもの」や「幸せや感謝、喜びの種」を探せ、ヒントはないか？　と「宝地図」を見るたびにあなたは思うようになります。それが日を重ねるごとに、次第に潜在意識に深く刻み込まれていきます。

なかには自分の問題意識を高めるために月替り、週替りで、質問を「宝地図」に貼っている人もいます。

すると潜在意識は「自動レーダー装置」になって答えを探しにいきます。いま起こって

いることはもちろん、過去の情報にまで。電車のなかでも、テレビを見ていても、人の話のなかからも、探し出しています。

すると、これまで無意識に見過ごしてしまっていたチャンスやヒントが、たくさん飛込んできます。はっきりと認識できるようになります。それも、いつも意識を研ぎ澄ましているといった緊張感もありません。

さて、すでにあなたは自分の「宝地図」に何か、夢や願望を貼ったでしょうか？　あるいは目標を紙に書いたでしょうか？　手帳やfacebookに書いたでしょうか？

何も書いていなければ、そしてこれからも書かなければ、あなたは夢や幸せとは逆方向に歩んでいくことになりかねません。なぜなら、世のなかで報道されること、人が語ることは、「80％以上が否定的、消極的なこと」だからです。それは、マスコミ報道を見ればわかりますね。

ですから、あなたの意識を「夢をかなえる」「幸せに生きる」「人のすばらしい面を見つめる」「感動的なことはないだろうか」ということに合わせる必要があるのです。**「宝地図」が自動的にあなたの意識を、夢実現に向かうようにプログラムしてくれるでしょう。**

019

「宝地図」の8大効果とは？

さてここで「宝地図」で夢がかなう理由、効果が高い理由をまとめてご紹介しましょう。

❶夢の実現、目標達成のイメージが明確になり、情熱が湧《わ》き、やる気が出てきて、長続きする。また感情も伴ったイメージにより潜在意識に強く継続的に働きかける。言葉で「目標を紙に書くこと」も強烈ですが、イメージの方がさらに強力に働きかけます

❷毎日、「宝地図」が目に入ることにより、自然に（努力しているという感じがないのに）情報が集まり、チャンスが拡大するとともに、アイデアが湧き、行動するようになる

❸常に夢や目標を意識するので、あらゆる行動・思考が目標に向かって合理的に進みやすくなる。行動に無駄がなくなってくる

❹繰り返し夢・目標について考えるようになり、表層的な願望や、人生のバランスを欠く欲望ではなく、心から実現したい目標に変化していく

❺あなたのセルフ・イメージ（「自分にふさわしい、ちょうどよい」と自分が思うイメージ）

が高まり、目標や理想的な状況を引き付けやすくなる（能力があってもセルフ・イメージが低いと、せっかくのチャンスのときも、身を引いて活かせなくなる）

❻自然と幸福実感型、感謝実践型、成功追求型人間になり、ツキを呼び込む

❼努力している、頑張っているという苦痛が少なく習慣化できる（三日坊主を克服）

❽魅力的な目標に挑戦し続けるなかで多くのものが手に入る。挑戦するうちに能力が磨かれ、経験が蓄積され、支援者や人脈にも恵まれる

以上が「宝地図」の8大効果です。ここでもう一度26ページの「夢をあきらめてしまう10の理由」を見ていただけますか？　すべての問題をクリアできているのがわかるでしょう。**「宝地図」を眺め、1日の行動をイメージするという、たった1日1～2分の投資で人生を劇的に変えることができるのです。**

だから、うだつの上がらなかった30代前半の私でさえ、大きく変わることができたのです。当時の私は、能力開発には関心がありましたが、うまく行かなかったのは、能力がなかったうえに、セルフ・イメージも低ければ、自信喪失に近かった。根性もなければ、三日坊主が得意技。そんな人間が多くの人に助けられたとはいえ、「宝地図」で１８０度変化したのですから、あなたにできないわけがないのです。

020

「脳」が願望実現に関係している

最近、脳についての研究が進んでいます。その結果、心理学の領域であった「認知」や「記憶」、「潜在能力」が、脳科学的に解き明かされつつあります。

夢の実現や社会的に成功することは、「学歴」や「知能指数（ＩＱ）」とはそれほど大きな関係がないことを、私たちは経験的に知っています。

でも、夢の実現には脳のことを知って、うまく使ったほうがよいことは間違いありません。そこで、私たちが効率的に学習し、行動をするときに必要な情報を引き出す「記憶」について、ご紹介しましょう。

記憶には「短期記憶」と「長期記憶」の2種類があります。メモを見て電話をかけるとき、数秒間なら電話番号を覚えていられますね。でも、たいていは電話をかけ終わると忘れてしまいます。これが「短期記憶」です。一方、同じ電話番号でも、自宅や自分の会社、よく電話をする友人の家などの番号は、しっかり覚えていて、よほどのことがないと忘れ

たりはしません。こちらが「長期記憶」です。

脳には莫大な記憶容量があります。でも、使いもしない記憶ばかり貯め込んでしまうと、大切なことを思い出すときに邪魔になりますね。ですから、**自分にとって役立つ情報、夢の実現と関連しそうな情報をインプットし、必要なときに引き出すことができたら便利なわけです。**

この記憶を高めるためには、脳の「海《かい》馬《ば》」という部分が大きな役割を果たしています。海馬は、脳に入ってきた情報を自分自身で短期記憶として蓄えるとともに、それを長期記憶として大脳皮質に書き込むかどうかを検討し、変換を行うところです。

021

潜在意識を味方につける方法

「海馬《かいば》」の研究者で、学習法にも造詣《ぞうけい》の深い脳科学者の池谷裕二《いけたにゆうじ》氏の研究によると、次のとおりです。

「短期記憶を『（顕在）意識』、長期記憶を『潜在意識』と呼ぶとすると、海馬という、タツノオトシゴのような形をした関所役人に必要と認められた情報だけが、関門を通過できて、長期記憶となることができるのです。その審査期間は約1カ月」

「海馬にとって重要なのは、『生きていくために不可欠かどうか』ということです。海馬は、できるだけ情熱を込めて、ひたすら誠実に何度も何度も繰り返し、繰り返し、情報を送り続けると、『そんなに何回もやって来るのだから、必要な情報にちがいない』と勘違いして、ついに大脳皮質にそれを送り込むのだそうです。古来『学習とは何か』に対して、『学習とは繰り返しである』といわれてきたのは、脳科学の立場からもまったくその通りだといえるようです」

「そして『生きていくために不可欠な情報』以外は、できるだけ早く多くのことを忘れる

ように設計されているのだそうです」（『最新脳科学が教える　高校生の勉強法』〔ナガセ〕より一部要約・文責・望月）

ですから、**毎日繰り返し、自然に目に入るようになっていて、しかもワクワクする感情を湧《わ》き立たせる「宝地図」に描かれた夢・目標は、脳の長期記憶（潜在意識）に留まり、必要な情報を引っ張りだしてくれるよう働きかけます。**それも無理なく。

「本当に重要なことは忘れないよ」と思う方もいるかもしれませんが、どれだけ重要であろうと、繰り返されない限り、ほとんど忘れてしまうものです。だから、「宝地図」が必要となります。毎日インプットされた目標は、潜在意識にしっかりと刻み込まれ、夢の実現に潜在意識が年中無休で働いてくれます。

そうです、夢の実現を求めて、夢を究めるために「年中夢求《むきゅう》・夢究《むきゅう》」で活躍してくれるのです。それも、一切文句をいわず、無給でどんな有能な片腕以上の活躍をしてくれるのです。潜在意識を味方につけることは、一生涯では大きなちがいになりますね。

多くの成功者が、「目標を紙に書け。そして毎日繰り返し、眺め、唱えよ。できれば書き直せ」「いつも頭のなかで成功したシーンを思い浮かべよ」「常に問題意識・テーマを持て」などと言ってきたことの意味を、最先端の脳科学が証明しつつあるのです。

022

「宝地図」はサクセス・コーチ

「ドッグイヤー」（犬は人の7倍速く年をとる）と呼ばれるように、昔にくらべると、現在は1年で7年分くらい速く、時代が変化し、技術が進化します。おまけにインターネットなどの影響もあり、押し寄せてくる情報量は半端ではありません。

そんななか、よっぽどしっかりとしていないと、常に緊急の仕事に追われ、重要な仕事が隅に追いやられ、遅れるだけではなく、完全に忘れてしまいかねません。

仕事なら、上司や同僚がチェックしてくれますから、緊急の仕事によって、重要な仕事を忘れてしまうことはないかもしれません。しかし、あなたの人生の重要項目は、いちいちチェックしてくれる人はいません。きちんと人生の優先順位をつけて、常にチェックしていないと、いざ自分の人生を振り返ったときに、「自分のことはまったく優先してこなかった……」なんてことになりかねません。

でも「宝地図」をつくっている人、しっかりと目標を決めて日頃から確認している人は大丈夫です。

毎日、自分の夢が描かれた「宝地図」や目標を眺めることにより、脳が「自分のやること」の優先順位を整理してくれます。いくら緊急の割り込みが入ったとしても、人生のコースは多少遠回りになろうとも絶えず目標に向かってくれます。

「カー・ナビ」に目的地をセットしたのと同じで、ちょっと脇にコースがそれたとしても、ちゃんと元に戻るよう、すぐ修正指示してくれるのです。

つまり、「宝地図」をつくって、それを眺めるということは、**「人生の優先順位をチェックして、必要なときに教えてくれる、有能なコーチやマネージャーを雇っている」**のと同じことかもしれません。しかもコーチ代は無料です。

「宝地図」はサクセス・コーチとして、あなたの人生を伴走してくれます。人生のナビゲーターを果たしてくれます。あなたの潜在意識に指令を出して、今日もあなたの一挙手一投足を見守っています。

人生で一番、大事なことは何？　それを探して、「宝地図」に盛り込みましょう。

023

当たり前に「偶然の一致」が起こる理由

「シンクロニシティ」という言葉をご存じでしょうか。「共時性《きょうじせい》」などと訳しますが、わかりやすくいうと、「意味のある（不思議な）偶然の一致」のことです。有名な心理学者、カール・グスタフ・ユングの造語です。

あなたもこんな経験はありませんか？　問題を抱えて悩んでいたとき、突然、友人から電話がかかってきて、そのことに関する重要なヒントが与えられた……なんてことが。「わあ、なんて偶然なの！」って。そんな偶然の一致がシンクロニシティです。

「宝地図」をつくって眺め始めると、このシンクロニシティが頻繁に起こります。私も数え切れないほど体験していますし、「宝地図」をつくった方には必ず起こります。あなたにも、長く見積もっても、1～2週間以内に必ず起きます。

「なんか不思議な話だわ！」と思うでしょうか？　実はこれは脳の構造上、当たり前のことだったのです。私も指導している「フォトリーディング®（情報の高速処理法）」の開発者、ポール・R・シーリィ氏や、教育心理学者、ウィン・ウェンガー氏によれば、主にイメージや感情を司《つかさど》る「右脳（潜在意識）」は、1秒間に1000万ビットの高速で情報処理するのに対し、言語や論理を司る「左脳（顕在意識）」では、毎秒40ビットしか処理できないというのです。

問題意識やテーマ・質問が明確になった状態で、右脳（潜在意識）に投げかけておくと、毎秒1000万ビットの情報のなかから、重要な情報をしっかりと左脳（顕在意識）が引き出すことができるのです。脳はそれだけすばらしい可能性を秘めていたのです。

ただ、私たちはそのほんの一部しか使ってきませんでした。

「能力の差は小さいが、脳の使い方の差はとてつもなく大きい」といえます。

［このあたりの脳の可能性については『［新版］あなたもいままでの10倍速く本が読める』（ポール・R・シーリィ著）、『非常識な成功法則【新装版】』（神田昌典著）、共にフォレスト出版、をぜひ、お読みください。なお、右脳、左脳の説明については厳密にいうと、右脳＝イメージを処理する潜在意識、左脳＝論理や言語を処理する顕在意識と単純化できるわけではありません。ただ「脳を使いこなす」ことを目的として単純化して説明しています］［「フォトリーディング®」は米国ラーニング・ストラテジーズ社の登録商標です］

024

「シンクロニシティ」は、あなたが夢に近付いている証拠

20世紀最高の物理学者、アルバート・アインシュタインは次のように言っています。

「人生にはふたつの生き方しかない。
ひとつは、奇跡など何ひとつないとして生きる生き方。
ふたつめは、すべてが奇跡であるとして生きる生き方。
私は後者を信じる」

シンクロニシティは、「宝地図」の効果が上がっている証拠としてとらえましょう。

シンクロニシティに気づけば気づくほど、不思議なことが連続して起こってきます。ますます、あなたの夢の実現に必要となるヒントやアイデアが飛び込んできます。

「宝地図」をつくり始めたばかりの頃は、そのシンクロニシティをノートに記入しておくことをおすすめします。するとあなたのなかで、夢の実現に確実に一歩ずつ近付いている

実感が湧《わ》いてきます。そして、あなたの「宝地図ライフ」に、ますますハリが出てくることでしょう。

私は「歩くシンクロ・マスター（達人）」と自分のことを勝手に名付けています（「シンクロ」は「シンクロニシティ」を略したものです）。

スピリチュアルな分野のマスターが、よく「世のなかに偶然はない」と言います。つまりすべて必然で、意味があって起こっていると……。

シンクロニシティに目を向ければ、そのことが理屈ではなく、直感的にわかってくるはずです。

025

「画像データ」は、潜在意識に強く働きかける

右脳と左脳の関係で、「宝地図」には「写真」が必要なことがおわかりになったことと思います。「写真（イメージ）」は目標を文字で書くよりも強力に脳に働きかけてくれます。イメージの持つ情報量の大きさは、科学的に説明されるまでもなく、直感的におわかりいただけるでしょう。たとえばパソコンやスマートフォンを使っている人なら、画像情報と文字情報では、使用する情報の量がまったくちがうことを知っています。

また、いま、あなたが見ている情報を電話で相手に伝えようとすると、1枚の絵（イメージ）についてどのくらい言葉にしなければならないでしょうか？「百聞は一見に如《し》かず」と言いますが、実際は40ビット対1000万ビットというから驚きです。それは信じられないと言う方も（実際、諸説ありますが）、1対100をはるかに越えていることは実感いただけるでしょう。

「宝地図」に何気なく貼り付けられた1枚の写真は、壁一面にびっしりと書き並べた文字

のスローガンよりも大きな情報を持っているのです。

しかも、人間の脳はイメージを一瞬にして処理します。「パターン認識」という能力に優れ、一瞬のうちにイメージに盛り込まれた豊富な情報を理解できるのです。

いままで願望達成法を唱える人々が、イメージの重要性を語りながら、頭のなかでイメージすることを中心に語ってきました。

しかし、いまや写真画像のような大きな情報でさえも、コンピュータで一瞬にして世界中に送れる時代です。

そんな時代にマッチしたのが「宝地図」なのです。これからこのような夢の実現法が広がっていくにちがいありません。

026

潜在意識は、ワクワクするイメージに強く反応する

顕在意識と潜在意識は、よく氷山にたとえられます。氷山は約10％くらいが水面から上に出ていて、残り90％は水面下に潜っています。

いままで見てきたように、最近の研究では、潜在意識の影響はさらに大きいとされてますが、ここでは比較にならないくらい、顕在意識よりも潜在意識のほうが影響が大きいということを再確認しておきます。

ではその潜在意識はどのような特性があり、どうすれば働きかけやすいのか？ それを概略説明しておきましょう。

❶言葉よりイメージに強く反応
❷感情（肯定的であれ、否定的であれ）がこもったものに強く反応
❸頻繁に繰り返されたものに反応

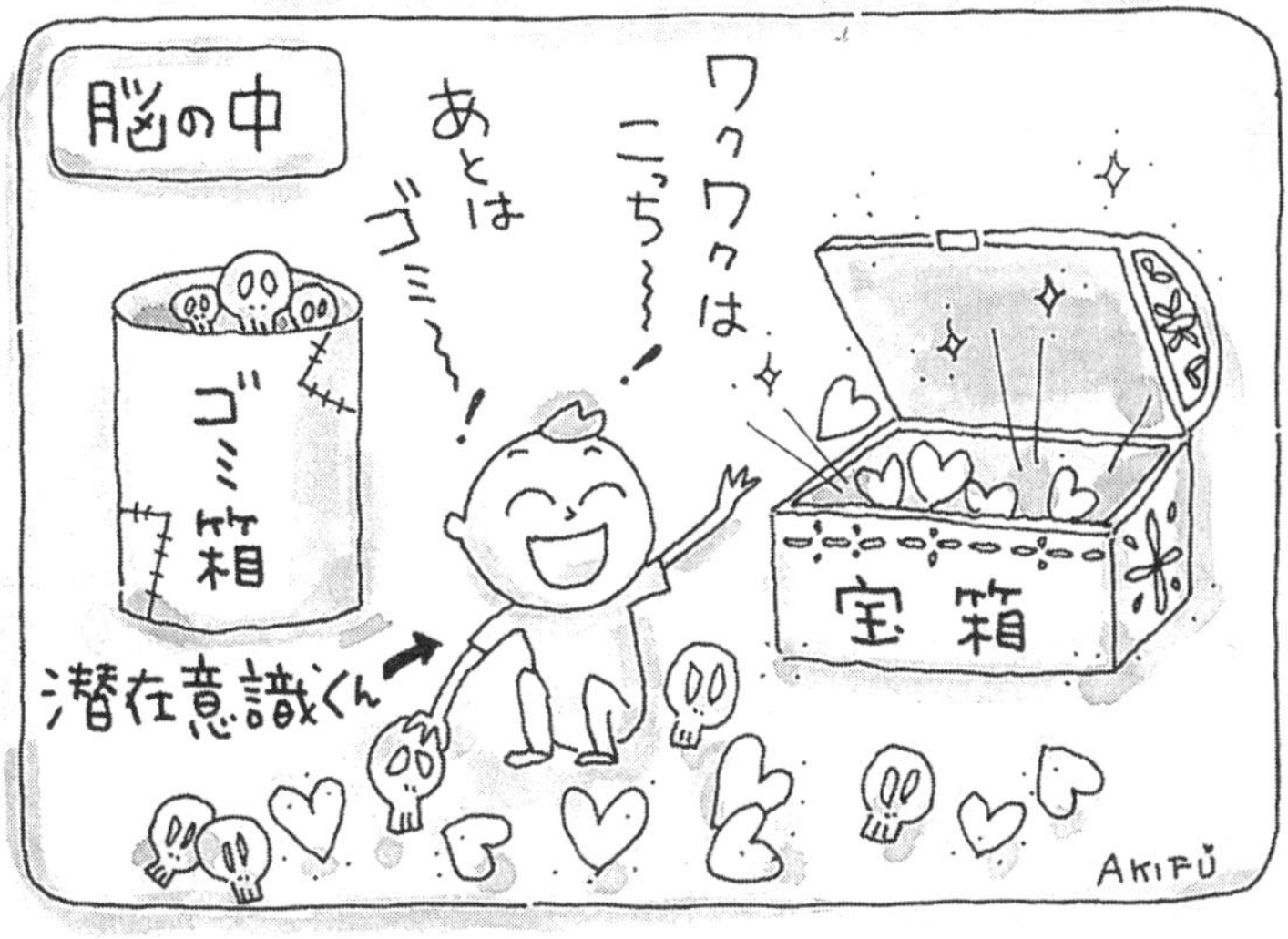

❹現実と想像の区別ができない
❺否定形を理解できない
❻リラックスしているときに働きやすい
❼主語はすべて「一人称（私）」として理解してしまう
❽深いレベルで潜在意識はつながっているので、強く思えば、周りに影響を与えることもできる

❶～❸まではすでに説明してきた通りです。つまり、ワクワクするようなイメージしやすい情報を繰り返し、繰り返し与えられると、潜在意識に強烈にインプットされます。

そして、忘れようにも忘れられなくなり、忠実にその指令通りに働いてくれるのです。

027

潜在意識は、ほかの人とつながっている！

さらに、残りの5つの特性を詳しくご説明しましょう。

❹「潜在意識は、現実に起こっていることと想像したことを区別できない」という性質があります。たとえば、梅干しをイメージしてくださいと言うと、多くの方は実際に食べてもいないのに唾液が分泌されます。

あなたが何か一度失敗したとします。それを悔《く》いて何回も頭のなかで思い出すと、潜在意識はその都度、その都度、実際に失敗したと認識します。逆に一度の成功でもそれを何回も繰り返せば、それだけ実際に成功したと認識してくれるのです。

つまり、自信を持ったり、セルフ・イメージを高めようと思ったら、何回も成功しなくてもよいのです。繰り返し成功したイメージを思い出すことで、潜在意識は自信を持つようになり、セルフ・イメージも高まります。

❺「ビールのことは想像しないでください。あの喉越しのよさは決して考えてはいけませんよ」などと否定形で言われても、あなたはしっかりとビールのことで頭がいっぱいで

すね。潜在意識は否定形を肯定形として理解します。ですから、「〜しないぞ」と意識すればするほど「〜してしまう」のです。少年時代、私は赤面恐怖症で苦労しましたが、「赤面しないように」と意識すればするほど、赤面してしまいました。

❻緊張したときよりも、リラックスしたときのほうが潜在意識には働きかけやすくなります。ですから、朝や晩、意識がボーっとしているときは絶好のタイミングです。

❼**「あいつなんか失敗すればいいんだ」って心のなかで思うと、相手にはそれほど影響を与えませんが、自分は失敗することをイメージすることになりますので、影響を受けるのは相手よりも自分（一人称）となります。**

よく言いますね。「人を呪《のろ》わば穴ふたつ」と。逆に、「人を祝《いわ》わば福ふたつ」ですね。人を心から祝福することは、実は自分に一番いい影響を与えているのです。

❽さて、潜在意識はユングの考えでは、深いレベルでお互いつながり合っていると言います。ですから、直感の鋭い人は相手の気持ちがわかったりしますね。そして強い意識を持っている人やイメージを強烈に描くと、それが周りの人にも影響を与えるということが起きてきます。

シンクロニシティともかかわりがあります。また第3章で触れていきましょう。

028

「気づきがあるかないか」で、人生が180度変わる

全国1000店以上のコーヒーショップ・チェーン「ドトール」を一代で築き上げた、鳥羽博道《とりばひろみち》名誉会長は、こう言っています。

「ビジネスチャンスというものは、神の啓示のようにある日突然、選ばれし者にだけ降り注ぐものでもなければ、常人が臆するような秘境に挑む冒険者に対して、その勇気の証として与えられるものでもない。**日常生活のなかで、何千、何万という人たちが同じように見聞きしているもののなかにいくらでもあるのだ。**そのなかからビジネスチャンスを見出すことができるか否か、それは常日頃の心の持ちようによって差がついてくる」

「私がパリのカフェで立ち飲みを見て、ドトールコーヒーショップのヒントを掴《つか》んだときも、日本でもレギュラーコーヒーの挽《ひ》き売りの時代がやってくるとドイツで確信したときも、同じ光景を何十人もの同業者が見ているのである。それをビジネスとして成功させるか、それとも甘んじて後塵《こうじん》を拝《はい》することになるのか、その差は関心、こだわり、願望、執

着心。心には物事を引き寄せる力があると思う」

この話は、「気づきがあるか、否かでその後の人生はまったくちがったものになる」ことを端的に示してくれます。

同じシーンを見ていても、数十人にひとり、あるいは数万人にひとりの気づきを得られることがあれば、そのチャンスは無限に広がっていくことでしょう。

では、この発見・気づきは何かというと、頭のよさとかではなく、いかに関心を持って、いかに問題意識を持って、生きていたかなのです。「ほんのちょっとした差」が、とんでもなく大きな差になるのです。

029

偶然、「宝地図」に貼った写真と同じ教会で挙式！

小山（旧姓・山田）智子さんという方が、「宝地図セミナー」で、ステキな教会での結婚式の写真を雑誌から切り抜き、貼りました。新婦の顔は自分の顔に換えて……（モデルの顔と自分の顔を貼りかえるのは、とっても効果的なテクニックです）。

その写真は、セミナー当日、ほかの出席者が持参した雑誌から切り抜いたものでした。ですから、半年くらい飾っておいたそうですが、小山さん自身、その写真が海外の教会であることは覚えていたものの、ハワイの教会だということはすっかり忘れていました。

そして約2年後、めでたく結婚することになりました。憧れの海外で（それもハワイで！）式を挙げることになったのです。

その結婚式のツアーでは、現地に行ってからはじめて、結婚式場がどこであるか教えられたそうです。無事「ヌアヌ・コングリゲーショナル教会」というところで式を挙げたのですが、その教会が、なんだか見覚えがあるような、はじめて見たような気がしなかった

そうです。

帰国後、しばらくして、引っ越すこともあって家の押入れを整理していたときに、かつてつくった「宝地図」が出てきたそうです。そしてそれを見て、小山さんは、「あっ」と驚かずにはいられませんでした。

その「宝地図」には、ツアー会社が数々ある教会のなかから選び、小山さんが実際に式を挙げたヌアヌ・コングリゲーショナル教会の写真が貼ってあったのです！　まるで2年後を予測するかのように。

もちろん単なる偶然の一致かもしれません。**でも「宝地図」によって、こんな不思議なことも実際に起こっているのです。**

030

実際に「宝地図」で夢をかなえた人々の体験談

●奇跡の復活から憧れの人との共演まで……腰塚《こしづか》勇人《はやと》さん

さて、ここで「宝地図」をつくった方々がどのような夢をかなえていったのか？　いくつかご紹介していきましょう。

まずは、元・公立学校の先生だった腰塚勇人さん。

『宝地図』のすばらしさは実感していましたが、『本を出版する』『命の授業の講演会を全国で行う』『ビートたけしさんと共演する』など、描いた夢が次々とかない、本当に『宝地図』に出会えてよかったと思っています」と語ってくださいました。

腰塚さんは元・中学校の体育教師。その彼に思いも寄らない「事件」が起こります。

「2002年3月1日、私は休暇を利用して、妻とスキーに出かけました。自信があったのですが、オーバースピードから雪上のコブに乗り上げ、地面にたたきつけられて、診断は、頸椎《けいつい》骨折。首の骨が折れてしまったのです」

幸い手術に成功し、一命は取り止めたのですが、首から下は完全に麻痺《まひ》。手足もまったく動かない。医師からは、一生、寝たきりか車イスでの生活になると宣告されました。

「死んだほうがマシだ……」

絶望の淵で腰塚さんを救ってくれたのは、奥さんでした。

「何があっても、ずっと一緒にいるから」

あふれ出る涙とともに父、母、職場の仲間、生徒たちの笑顔が次々と浮かんできたそうです。

そして奥さんに頼んで、病院のベッドの横に学校の教室にいる生徒たちの写真を集めて、飾ってもらったのです。

それを毎日見ていると、「絶対よくなってみせる」「子どもたちの教室に帰るんだ」と勇気が出てきたそうです。イメージのなかではもう何度も、学校の教壇に立っていました。

それが、たったの4カ月で、奇跡的に現実になったのです。

「その後、望月さんに出会い、病院でやっていたのが、まさに『宝地図』そのものだった

と知り、驚き、またその後、『宝地図』を何回もつくりました」

そこから、快進撃が始まります。

「スキーの事故からの復活と命の大切さ」を語る「命の授業」の講演会は全国47都道府県、3年で600回、実に20万人以上が感動に涙しています。

念願だった著書『命の授業』もダイヤモンド社から発行され、4万部のベストセラーに！　同時に全国のTSUTAYAで『命の授業』のDVDがレンタルされるようになり、さらに驚くべきことに、ビートたけしの「奇跡体験！　アンビリバボー」で20分間特集が組まれるという、ありえないことが次々と起こったのです。

全国を飛び回る講演会は、学校での講演が半分を占めるとのこと。今日も「命の授業」とともに「宝地図」の意義を伝えてくださっています。

・腰塚勇人さんのホームページ　http://inochi-jyugyo.com/

●短期間でブランド化した質問家……マツダミヒロさん

「最初は半信半疑だったんです。でも、『宝地図』でどんどん夢がかなっていくので、いまは周りの人たちに『宝地図』をご紹介しています」

こう語るのは『こころのエンジンに火をつける　魔法の質問』（サンマーク出版）などの著者であり、質問家として活躍中のマツダミヒロさんです。

「『宝地図』を一緒につくろうよ！」

と誘われたのが、「宝地図」との出会い。最初は半信半疑で、「欲しいもの」や「なりたい将来」をビジュアル化するといっても、ちょっと大変そうだな、面倒だな……と内心思っていたそうです。

でも「自分が欲しいものってなんだろう？」「将来、どんな自分になりたいんだろう？」と自分に質問をするようになると、さすがに質問家。

情報のアンテナが立ち、たくさんの雑誌のなかから「欲しいもの」「なりたい自分」が見つかるようになりました。

その後は、「こんな夢がかなったらいいなぁ」と、小学生の工作気分で楽しんでつくることができたそうです。

「宝地図」がスゴイとマツダさんが気づき始めたのは、つくってから1年後くらいのこと。夢が次々とかなっていき、自分が人生をつくっているという実感がどんどん湧《わ》いてきたそうです。

そんな頃、かなった夢を振り返ると、見事に「宝地図」に貼っていたことが、次々とかなっているではありませんか！

・20冊を超える本の出版（ベストセラーを連発！）
・中国語、韓国語、ベトナム語、タイ語での出版
・ボランティアで学校にしつもんの授業に行くことを支援する「しつもん財団」の設立
・1000名を超える魔法の質問講師の活躍（認定講師＆キッズインストラクター）
・上海、ドイツ、ロンドン、シンガポール、マレーシア、タイ、アメリカ、オーストラリアなど毎月海外での講演
・100校を超える学校でしつもん授業の導入

・ラジオや雑誌などへの出演
　などなど。

「宝地図」をつくる前は、インターネットを活用した企画制作コンサルタントをされていたマツダさん。それが、ごくわずかな期間でベストセラーを出版、さらには海外にまで進出と、一気にブランド化され、大発展されています。

「『宝地図』をつくるときは、できればセミナーに参加したり、仲間や家族と一緒につくるといいですよね」と、マツダさんはおっしゃいます。実際、マツダさんはいまも仲間と一緒につくることも多いそうです。

「家族や友人、セミナーで出会う人は、皆、これからの将来を一緒につくっていく仲間です。そんな仲間たちと夢を語り合いながら自分たちの未来を『宝地図』に描くのはとてもすばらしいですよね」とのこと。

「一緒につくって、また1年後に夢の進展具合を報告しあおうよ」といった仲間が増えていけば、張り合いも生まれ、あなたや周囲の人が、どれほど幸せな夢実現に近付いていくことでしょう！

『宝地図』と対話をしたり、質問を投げかけたり、『宝地図』を見ながら自分と対話するのがいいんですよね」と、さすがに質問家として、「宝地図」の本質をついたアドバイスをいただきました。

本当は何を願っているのか？　自分の心の声を聞くためにも「宝地図」は活用できるのです。

「宝地図」で夢がかなう理由のひとつは、「適切な質問をすれば、適切な答えやヒントが引き寄せられる」ことです。

その意味でも、また「宝地図」実践者でもあるマツダミヒロさんの「魔法の質問」シリーズは、ぜひ皆さんにもお読みいただきたいと思います。

ベストセラーを連発しているマツダミヒロさん、今後のご活躍もとても楽しみですね。

・マツダミヒロさんのホームページ　http://www.shitsumon.jp/

●38歳で失恋、38歳で電撃結婚！「宝地図」で幸せな結婚……TOMOKOさん

「私は38歳で失恋し、38歳で電撃結婚をしました。夫はまさに理想のパートナー。現在、沖縄で幸せな日々を送っています。主婦をしながらも『恋愛宝地図ナビゲーター』として4年で800名の方々にセミナーを受けていただき、喜んでいただいています。いま、この生活があるのは、まさに『宝地図』のおかげです」と語るのはTOMOKOさん。

38歳の夏、付き合っていた彼に振られる。早く結婚してアラフォー独身から抜け出したいという焦りが、彼を追い詰めたといいます。

一人暮らしのアパートで、将来のことを考えては、暗い毎日を過ごしていました。

しかし「このままではいけない！　私、絶対に幸せになろう!!」と手帳に理想のパートナーの条件リストを書き、ドレスや指輪・結婚式や新婚生活の写真を貼りました。

すると現状は同じなのにワクワクでいっぱいになったのです。

2カ月後、上司の海外出張に同行。その旅先で、いまのご主人と出逢う。当初はあまり意識しなかったが、メールをやりとりするうち、好意に気づく。

そこで茨城から彼の住む沖縄へ飛行機で飛び、初デート。**ナント彼は「宝地図」に描い**

た条件リストのすべてに○がついてしまった男性だったのです。「この人と結婚したら、絶対に幸せになってしまう！」と確信。まさにそのとき「お誕生日より前がいいかな？」とプロポーズされる。すべてがトントン拍子。4度目に会ったときには入籍。初デートからわずか2カ月後。その失恋&電撃婚体験から、独身女性に「理想のパートナーとの幸せな結婚を引き寄せる秘訣」を伝えるのが夢となり、「宝地図ナビゲーター」となる。
現在では、セミナーを告知すると1日で満席になるほどのカリスマ講師となっています。

つい最近も、「宝地図」にホテルのようなタワーマンション（コンシェルジュ駐在、フィットネスジム、パーティールーム、ゲストルーム付き）の広告を貼っていたら、引き寄せ、購入。建築中なので住むのはちょっと先とのことですが、「まさか！」の連続だといいます。「『宝地図』は心の奥底にある魂の願いを思い出すことです。だからこそ、運命の人を引き寄せるパワーがあると私は、信じています。とにかく『宝地図』をつくらないなんてもったいない話です。ひとりでも多くの方が、『恋愛宝地図』によって理想のパートナーと出逢えるよう願っています」

・TOMOKOさんのブログ　http://ameblo.jp/happycircle49/

●自殺を考える日々から想像もできなかった夢をかなえた……秋葉《あきば》睦美《むつみ》さん

「望月さんの『宝地図の講演会』に参加したのが2009年。それまで、私の人生はどん底でした。破産寸前のパートナー、長く続く病気と微熱、希望も持てず、自殺することさえ考えていました。だから、いまの状態は4年前にはまったく考えられませんでした」

こう語るのは、ローフード研究家の秋葉睦美さん。

友人から誘われて「宝地図」の講演会に参加。講師の望月も、多額の借金を抱え、会社を首になったところから「宝地図」で復活したという話を聞き、「宝地図」をつくろうと決意する。しかし、「マイナス思考」だったので、未来の夢など何も思い浮かばない。それなら過去、楽しかったことを思い出そうとしたところ……。

「講演を聞いたとき、受講生の表情がどんどん変わっていくのを見て幸せだったのを思い出し、人がこんなに変われるのなら講師としてローフードを教えたいと思いました。夢にも思わなかったことですが、貼るだけなら無料《ただ》、と思って『宝地図』に貼ったんです」

すると長く続いていた微熱が下がり、行動的になり、次々とチャンスがやってきました。その頃から、私は秋葉さんの相談に乗っていたので、リアルタイムでその変化を目の当たりにしています。

すぐに「ローフード・スクール」を開校。新規事業の資金が借りられ、破産を免れる。その後、ローフード専門レストランを代官山の一等地で経営するチャンスが与えられる。ブログなどで情報発信していくと「クロワッサン」など、実に20誌を超える雑誌に掲載され、テレビ東京や「ジャパネットたかた」にまで出演。

憧れだった著書も『手づくり酵素ダイエット』（ぶんか社）など5冊を出版。コンビニにも書籍が並べられ、海外にも今年、翻訳されるほどの人気。

念願だった「食で体質がどう変わるのか」のデータ検証も元・京都大学大学院医学研究科教授の白川太郎博士のご協力で実現するなど信じられないことが次々と起こっています。

「**『宝地図』それは、いままではあり得ない、私の力では到底できるわけがない、そう思えることを超える夢を現実に引き寄せるパワーがあります**。こんなにカンタンなことなんだけど、行動力が出てくるし、『宝地図』をつくらないのは人生の損失だと思います。こんなにわかりやすくて！　溢れんばかりの効果のある『宝地図』を日本中、世界中に知ってほしい！」

・ローフード研究家　秋葉睦美さんのホームページ　http://rfschool.jp/

●「宝地図」で夢を共有することで夢実現が加速した……山田ヒロミさん

「『宝地図』を一緒につくった仲間と共有した夢がどんどんかない、夢が現実を超えてしまった！」

と語るのは、『人生が劇的に変わる「壁だけ片づけ術」』（マキノ出版）などの著者であり、ルームセラピスト協会の代表理事として活躍中の山田ヒロミさんです。

空間プロデュースのお仕事柄、人の夢は写真やスケッチで丁寧に説明するけれど、自分の夢はついつい忙しさにまぎれて、ヴィジュアル化して見たのははじめてだったそうです。**実際に「宝地図」をつくって壁にかけてから1年くらい経ったとき、夢がどんどんかなっていることに驚き、改めて「宝地図」の威力を実感した**そうです。

- 本の出版
- カルチャーセンターの講師
- 世界を旅しながらセミナーをする

・クルーズ旅行
　などなど。

　そのなかでも、「宝地図を教える資格が取れるナビゲーターコース（宝地図ナビゲーター育成コース）」の仲間に発表した夢は、「2020年までに世界中を幸せな家でいっぱいにする」という、壮大な夢だったのですが、発表してから数カ月後に、驚くようなことが起こったそうです。


　中国のある学校から日本人初の空間心理の客員教授として迎え入れられたのです。突然依頼があり、あれよあれよと言う間に話が進む様子に、ふと、発表した夢のことを思い出したそうです。

　人口が一番多い中国を幸せな家でいっぱいにしたら、実現が一気に進む！　だからこんなに進んでいるんだ！　「宝地図」のすごさを感じずにはいられなかったそうです。

　写真やスケッチで未来をヴィジュアル化する部分が空間プロデュースの手法と一致しているということで、いまでは、「空間宝地図」として、「宝地図」に描いた未来をもとに空間をプロデュースされ、未来先取り空間で楽しく暮らせて、夢の実現も早くなったと、多くの方々から喜ばれています。

実際に、私の家もオフィスも山田さんに手掛けていただいています。

また山田さんは「『宝地図』を仲間に見せることによって、協力者がどんどん集まってきた」とその効果も伝えてくださっています。

本田健さんも「『宝地図』を多くの人に見せたら、必ず協力者が現れて、夢実現が加速する」と言ってくださっていますが、その効果も、本当に見逃せません。

・山田ヒロミさんのホームページ　http://www.room-therapy.com/

031

いまの幸せに感謝しながら、一歩踏み出そう

「宝地図」に出会うまで、私は「○○さえ手にはいれば幸せになるだろう！」と思って、いろいろ努力を重ねてきました。

「能力さえ身に付ければ」

「男女関係さえうまくいけば」

「お金さえ手にはいれば」

しかし、何かが手にはいっても、一時的な満足しか得られませんでした。そして次から次へと、求めるものを替えていきました。

しかし、そこでわかったことは、外にあるものを追い求めても、幸せを得られるとはかぎらない、ということでした。**幸せを手に入れるのではなく、「幸せに感じることのできる心を手に入れる」ことのほうが、もっと大切**だということがわかったのです。

『一瞬で自分を変える法』（三笠書房）の著者であり、世界ナンバーワン・コーチのアン

目標
?
注意!
感じる心を
大切にね!
達成までの
道のりを
楽しむのね!
AKIFU

ソニー・ロビンズ氏は言います。

「目標を設定する本当の目的は、それを追い求めるうちに、あなたを人間としてつくり上げていくことにあるのです」

「多くの人々は、目標を設定するとき、それらが実現してからはじめて幸せがやって来るものと考えてしまいます。幸せになるための目標を設定することと、幸せに目標を達成することには大きなちがいがあります。毎日を精一杯、できるだけの喜びを引き出すように生きてください」

「宝地図」は、セルフ・イメージを引き上げます。**いま、与えられていることに感謝しつつ、幸せを感じながら、夢の実現への道を楽しみながら、一歩一歩進むことです**。すると人生に流れがやってきて、まるで運ばれるように目的地にたどり着けることもあります。

目標にしがみついて、突き進むより、「必要なときに与えられる」「手にはいるのが当たり前」くらいのゆったりとした気持ちのほうが、実際には早く、しかもタイミングよく夢が実現していくのです！

第3章

宝地図を活かし、夢を実現させるテクニック

このアイデアが、あなたの目標達成を加速させる

032

「言葉の力」は、あなたの運命を変える

「宝地図」は、毎日1分、ただ眺めるだけでもすばらしい効果が得られます。しかし、「早く目標を達成したい、さらに成果も高めたい、そのためなら多少の時間をとってもかまわない」という人向けに、いくつかのアイデアをご紹介していきましょう。

夢がかなうの「叶《かな》う」という字は、分解すると「口」と「十」になりますね。もともとは両手を合わせて祈る形、つまり「口」元で「十」本の指・両手を合掌することから来ているそうですが、口に出して10回唱え続ければ、願望が成就するというように解釈する人もいます。それも象徴的な答えで面白いと思います。

キリスト教では、「はじめに言葉ありき、言葉は神とともにあり、言葉は神なりき」といいますし、日本では「言霊《ことだま》」と言い、言葉にはすばらしい力があることは多くの人が経験していることだと思います。

普段どんな言葉を使っているかは、日頃どんなイメージを描いているか、と同様とっても重要です。「口癖が運命を変える」などと言う人もいるくらいです。

ここで、「アファメーション（肯定的な宣言・確信）」というテクニックをご紹介しましょう。**アファメーションとは、「すべてが日に日によくなっていく」「私の夢は最高のタイミングで実現している」といった、あなたの人生を望む方向に導く短い強力な言葉です。**

今日からひとつ、気に入ったアファメーションを唱え続けてみませんか？「宝地図」と相乗効果を上げることができますよ。

033

アファメーションの4つのテクニック

「アファメーション」を使う際のポイントは4つあります。

❶言葉は未来形ではなく現在時制にします。さらにできれば、過去形・感謝先取りで唱えるのが効果的です。

たとえば、

「実現できればいいな➡実現したい➡実現する予定です➡実現しつつある➡実現している➡実現しましたありがとうございます」

と、こんな順で、徐々に言葉による実現力が強くなります。

「実現できればいいな」「実現したい」という言葉は、「まだ実現していない」というメッセージを潜在意識に送り込んでいます。

ただし、「実現しました」と過去完了形にしたときに、「それは嘘だ!」って強く思って

しまう人は、無難なところで「実現しつつある」あたりから唱え始めましょう。

❷肯定的な表現をしましょう。たとえば、**「緊張しないで話そう」ではなく、「リラックスして、堂々と話している」というふうにです。**

❸最初は耳慣れないために、不自然な感じがするメッセージもあるかもしれませんが、唱えるときは、うまくいっているイメージを描きながら、感情も込めると効果が高まります。さらにガッツポーズなど体の動きも加えるとさらに効果的です。

❹できることなら、あまり長い文章ではなく、カンタンに覚えられて、毎日、何回も唱えやすい言葉を選びましょう。

034

アファメーションは、毎日繰り返すと効果的

では、代表的なアファメーションをご紹介します。

「すべて（○○）が日に日によくなっていく」
「すべてはうまくいっている」
「私は楽しく与え、豊かに受け取っています」
「私は愛（豊かさ・幸せ・○○）に満ち溢れてる」
「私は、磁石のように楽しいこと（○○○○）を引き付けている」
「私は○○の達人（天才）だ」
「最高の人生（○○）だ」
「ありのままの自分が大好きです」
「私の夢は最高のタイミングで実現している」
「人生は感動の連続だ」

「毎日チャンスに溢れてる」
「私はここ一番で、最高の力を発揮する」
「すばらしいことがシャワーのように降り注いでいる」
「私は夢をすべてかなえるために十分な時間、エネルギー、知恵やお金を持っている」
「○○（具体的な目標・夢）がカンタンに、私のもとにやってくる（実現する）」
「私は重要な20％に集中しています」
「いつも幸せ、すべてにありがとう」

それこそ無数にアファメーションは考えられますね。あなたが気に入ったものを、1日10回といわず、何十回でも唱えましょう。唱えれば唱えるほど、元気になり、人生に喜びやツキを呼び込みます。

「人は考えた通りの人になる」と言いますが、もっと効果があるのは「人は語った通りの人になる」➡「人は行動（実践）した通りの人になる」でしょう。

そして、「考え、語り、行動する」3つの創造力のベクトルが重なったら、夢はどんどん実現していきます。

035

あなたは90日で生まれ変わっている⁉

とくに最近、私の周りでは、多くの人が短い決まったフレーズを1日何十回、何百回と唱えています。これがすばらしい効果を上げています。たとえばこんな言葉です。


「ありがとう。ありがとう。ありがとう（ありがとうございます）」

「ツイてる。ツイてる。ツイてる」

「嬉しい、楽しい、幸せ」

「ツイてる、よかった、ありがとう」

「すべてはうまくいっている」


ところで、あなたの全身にある60兆の細胞の90％は、約90日で生まれ変わっているといいます。

つまり、90日経てば、あなたの体のほとんどが生まれ変わっているのです。ただ、心や

意識が変わらないので、体が生まれ変わるほどの変化が起こらないだけです。

もし、言葉を換えれば、そしてさらにイメージや行動も変えれば、見かけは90日前と同じでもあなたはまったくの別人になっても不思議はありません。

まず90日間、「宝地図（イメージ）」がインプットされた潜在意識の力を信じて、アファメーションを唱え続けてみてください。

たいがいの信念は変わり、まったく新しい自分、リフレッシュした自分、望む自分になることも難しいことではないのです。

036

「言葉」＋「イメージ」＋「行動」で3倍速く夢が実現する

夢実現や目標達成を唱える成功者は、どこに重点を置くかで大きく3つに分類できます。

❶口ぐせ派

「ツイてるツイてる、と毎日言おう」「ありがとう、ありがとう、と唱えよう」「私にはできる」など、口ぐせが変われば人生が変わるというのは、前項でもご紹介したとおり、まさに本当に起こってきます。

❷イメージ派

「理想の姿を想像してください」「もしいま、何でも可能だとしたら、どんな決断をしますか？」など、夢が実現したところをありありとイメージし、その喜びと感謝の気持ちなど、感情を先取りして味わうというのも強力なテクニックです。

❸行動派

「悩んでないでまず行動！」「迷ったらやる！」「量は質を生む」など、基本的ですが、とにかく行動を起こすことは、夢実現のためにはとても大切です。

頭でわかっていても行動しなければ、結果にはなかなかつながりません。思っただけでも物事がスムーズにいく人も、行動量を増やせば、成果もさらに加速します。

ときおり「言葉にしたり、イメージしたりすれば、夢がかなうだなんて、甘いこと言ってないでさっさと行動しろ！」と言う方もいます。

しかし、この3つのノウハウはどれも「引き寄せの法則」と呼ばれる夢実現ノウハウの中心部分で、対立するものではありません。

最新の心理学「NLP」などでは「VAKを活用せよ」といいます。

・V〈Visual〉…………視覚
・A〈Auditory〉………聴覚
・K〈Kinesthetic〉……体感覚（嗅覚［Olfactory］、味覚［Gustatory］も含めて）

そして真言密教《しんごんみっきょう》では「身口意《しんくい》の三密《さんみつ》」が修行の基本といいます。

【身密《しんみつ》】身体的活動（合唱をしたり、印［手でさまざまな意味の形をつくること］や礼拝など体を使ってお祈りすること）

【口密《くみつ》】言語的活動（真言やお経など言葉を使ってお祈りすること）

【意密《いみつ》】意識を使う（心のなかで意識を向けること）

西洋・東洋ともに、ほぼ同様の結論に至っているのです。

「口ぐせ」も「イメージ」も「行動」も、すべてあなたの夢実現のために役立てていきましょう。

この3つの夢実現力のベクトルが合えば、相乗効果が3倍、いえいえ、それ以上に加速して、幸せとあなたの夢実現が引き寄せられてくるのです。

そして「宝地図」は、この3つすべてを行うにあたって、もっともカンタンに「習慣化」することができる、最高のツールなのです。

037

「宝地図」をさらに活かす配置のポイント

ここで「宝地図」の作成・活用の際のアイデアやヒントをいくつかお伝えしましょう。

・「宝地図」の配置例

「宝地図」の配置法は自由でかまいません。

しかし最終目標に相当する「一番大きな夢」「本質的な夢」を目立つところに置くのがいいでしょう。

ところで、心理学やデザインの世界で言われることがあるのですが、**人間は平面的なものを眺めるとき、まず左上に注目し、視線を左上➡右上➡左下➡右下に移動させる習性があるようです。**

いわゆる「Z型」に視線を走らせるというのです。

したがって、好みにもよりますが、あなたの「宝地図」も、目玉になる重要な夢を、左

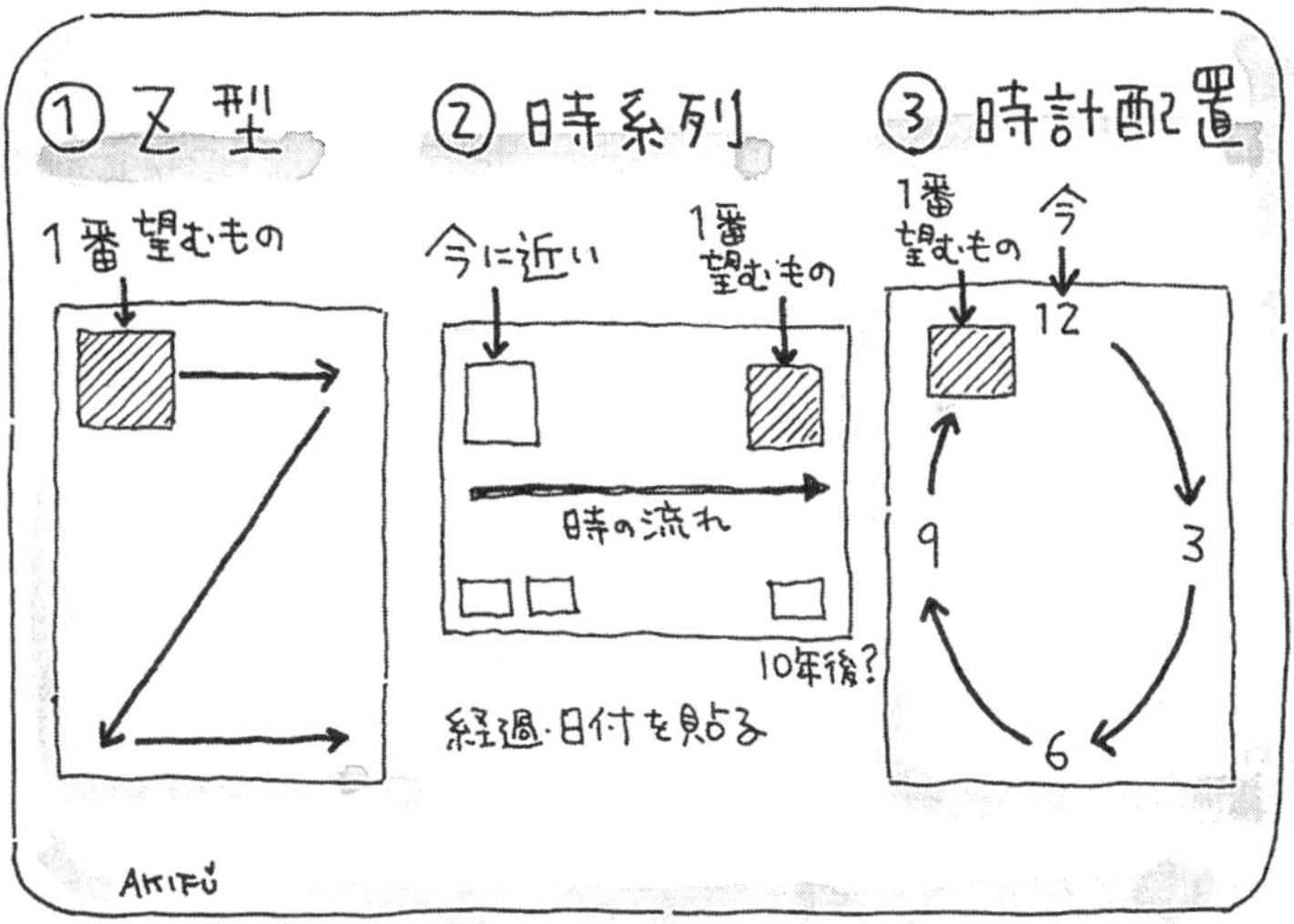

上に目立つように配置するのがよいでしょう。するとそれが一番先に目にはいり、「最終ゴール」として強く潜在意識に刻印されることもあるでしょう。これを「Z型配置」といいます。

また、時系列的に左（現在）から右（未来）へと配置させる方法もありますし、「宝地図」を時計に見立てて、12時からスタートして、時計（右）回りに目標を配置する方法もあります。

ほかにも人生の主要な分野を6つくらいに分けて、「宝地図」にバランスよく配置していく方法もあります。直感を信頼して、いろいろ工夫してみてください。

038

夢の実現を後押しする効果的なテクニック

・人物の写真は、顔だけ自分の顔に差し替えよう

ハワイで挙式をした小山智子さんの例でもご紹介したように、パンフレットから切り取ったりした写真の「顔だけを自分の顔に差し替える」のはよいテクニックです。

私は、初期につくった「宝地図」に、「講演の仕事がどんどんふえるように」ということで、話し方教室のパンフレットを使いました。そのキャッチが「あなたも３００人の前で話せます」というものでした。大ホールで３００人の前で話している話し手の顔の写真を、自分の顔の写真に差し替えました。

すると1年ほど後、勤めていた会社で次から次へと講演や講座を持つようになりました。実に年間１５０日くらいは講演の仕事が舞い込みました。そして、数百人の前で話す企業研修なども、とたんに請け負うようになったのです。

・実現した夢は、しばらくそのまま置いておこう

「夢が実現したものはどうしたらよいですか？」という質問を受けます。

すぐはがすのは、とってももったいないですね。「ヤッター！」「達成」「完成」「見事、実現」などとポストイットにでも書き込んで、しばらく飾っておきましょう。すると達成感がしばらく味わえ、嬉しいという感情とともに、「宝地図」が「あなたの夢はどんどん達成していくよ！」って応援メッセージを送ってくれるように感じます。

ふたつ目の夢が実現するとか、達成してから2～3週間たったら、外して、スクラップ・ブックに綴じる人もいます。もちろん処分してもかまいません。

・寝室の天井に飾るのもいい

寝室の天井に、模造紙でつくった「宝地図」を貼っている人もいます。潜在意識の特徴で、リラックスしているときにインプットされやすいということと、寝ても醒めても夢の実現を考えようということで工夫されました。就寝前に見ると、楽しい夢を見られます。

しかも、潜在意識は眠らずにあなたの夢のヒントを探し続けます。朝は、「今日も夢に向かっていくぞ」ということで、元気よく目覚められることでしょう。

039

このアファメーションがよりよい未来をつくる

・特定の場所に「宝地図」の縮小版か、一部を飾っておく

たとえば、あなたがダイエットしたいとします。その場合、食卓や脱衣所にあなたが目標とする体形のモデルの「顔の写真だけ」を、差し替えて飾っておきます。

すると、つい一口余分に食べてしまう習慣が矯正され、ゆっくりと噛んで満腹感を感じるようになったり、お風呂場では、すこしでも理想の体形になっていく自分をほめてあげられるようになります。

・「宝地図」に入れておくことをすすめるアファメーション

夢の実現がどんどん加速する人が出てきます。期限よりも早く、上限と思っていた目標をはるかに超えて実現する人も出てきます。

私は講座のなかで、**「いまの基準であなたの未来を計ってはいけません」**とよく言います。あなたの1年後は、いえ数カ月後は、もっと可能性が広がっているのです。

ですから、次のような言葉を「宝地図」に入れておきましょう。

「この『宝地図』、もしくはもっと楽しい（すばらしい、ありがたい）ことが実現しました。ありがとうございます（ありがとうございました）」

「この『宝地図』、またはそれ以上のよいことが、周囲と調和のとれた形で実現しました。ありがとうございます」

ただし、文章が長いので私の場合は、右のような意味をすべて含めて**「すべてうまくいきました。ありがとうございます」**と書き込んでいます。

040

抽象的な目標を明確にイメージするためには？

あなたの目標や夢が、イメージとして形になりにくいものだったり、イメージにしても情熱が湧きにくいものだったとしたら、どうしたらよいでしょうか？

その場合、**目標を「成果・利益・行動」などに結び付けてイメージを広げてみてください。**その目標達成の延長上に、どんな楽しいことが想像できるでしょうか？　また、あなたが目標を達成したときのご褒美を決めて、それをイメージ・シンボルとして「宝地図」に掲げるのもいいでしょう。

たとえば、会社で売上の数字となる目標を与えられたとします。「売上○億円」なんて「宝地図」に書いても、社長以外はあまりワクワク・ドキドキしないですよね。

私の会社では、売上の数字的な目標は当然掲げます。でも、それとともに目標が達成されたときの報酬として、社員全員で楽しめることを企画し、それを「宝地図」に掲げます。

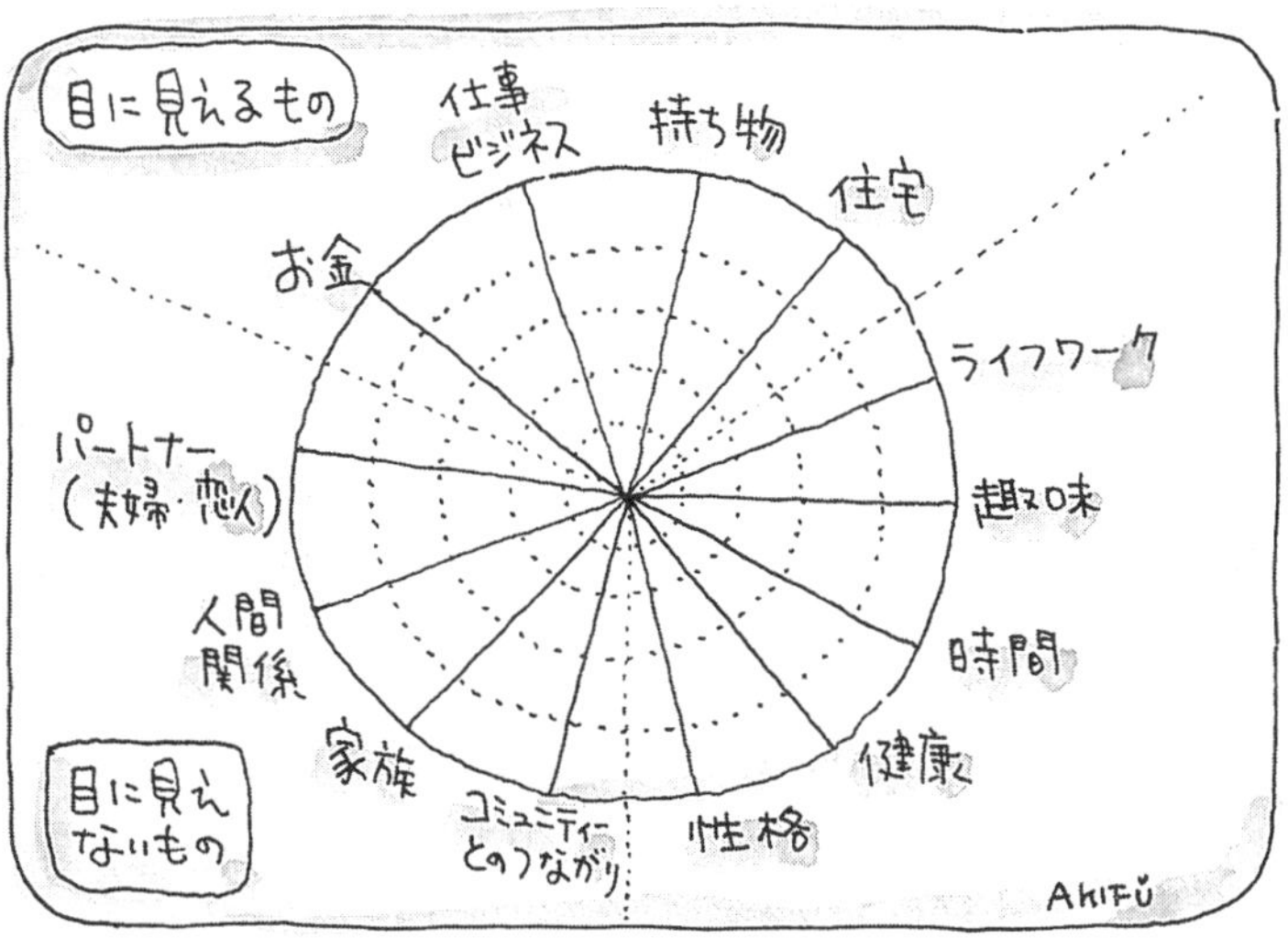

いまのところ、社員旅行が主流です。その旅行は、できるかぎり豪華な旅にするよう心がけています。

そうすると、旅行のことを考えるだけで、皆自然に楽しくなるし、仕事と楽しい旅とのイメージが重なり、今日も1日「やるぞ」という気分になります。

本田健氏は、人生を13の分野に細分化しています(上図参照)。すると、そのうちの9つは目に見えない、形になりにくい分野となります。そしてその分野が人生の本質とつながっている人が多いと思います。

それだけに、形になりにくい目標を、イメージ・シンボルに変える工夫が必要となります。

041

夢を見つける7つの質問

なかには「私には夢がないのです」と言う方もいらっしゃるでしょう。もしあなたが夢を持ちたいと思っているのならば、その意図を持って積極的に取り組めば、夢や魅力的な目標が必ず見つかります。

いままでセミナーやコーチングなどを通じて数多くの方のご相談に乗ってきましたが、「夢がない」と言う方々のほとんどが、よくお話を聞いてみると「(かなえられそうな)夢がない」と思っているに過ぎませんでした。つまり**潜在的な夢はあるけれど、「どうせ自分にはかなえられっこない」とあきらめている人が多かったのです**。

夢を描き、挑戦することもないままにあきらめてしまう。その気持ち、私にはよくわかります。実際、私にも、そんな頃があったからです。

そんな方々に次のような問いかけをしてみたら忘れかけていた夢、あきらめていた夢を思い出す手がかりになると思います。

❶もし神様があなたにプレゼントとして、20年間（10年でも、3年でも可）自由なお金と時間をあげるので、多くの人に役立つこと、喜ばれること、自分が大好きなことをしなさい、と言ったらあなたは何をしますか？

❷もしあなたに何でもできる能力があるとしたら、あなたは誰のどんな活動を応援したいでしょうか？

❸あなたがこれから1年（3年、10年、20年）間、命令・指示に従うだけの期間を過ごさなければならないとします。そのなかで、たった5つ（3つ、1つ）だけ自分の意志でやることを決められるとしたら何をしますか？

❹あなたの余命が1年（3年）しかないとしたら何をしますか？　どんな足跡を残したいですか？　あなたの大事な人、数人を思い浮かべてください。その人の余命がもし3カ月（半年）だとしたら何をしてあげますか？　どんな思い出を残させてあげたいですか？　また残したいですか？

❺あなたの尊敬する人や憧れている人は誰ですか？　その人がやり残したことは何？　まだやり遂げていないことは何？　その人を支援するとしたら何をしたいですか？　その人の後継者としてすることがあるとしたら何ですか？　もしあなたが3年にわたってその尊敬する人からコーチングを受け、サポートを得られるとしたら、どのような夢を達成したいですか？　そのメンターからどのようなことを学び、得たいですか？

❻あなたが1時間でも2時間でも……ことによったら一晩中でも話せることや聞いていて楽しいことは何ですか？

❼あなたが、いままでお金を使ってきたことの「ベスト3」は何？（特例はありますが、多くの人の場合は衣食住を除いて）あなたが、いままでとってもエネルギーを費やしてきたこと「ベスト3」は何？

以上、なかには突拍子もない質問に思えたものもあるかも知れませんが、「私の夢は何か？」「どんなことをやりたいか？」「私がやることを要請されていることは何か？」などを日常的に考えてみてください。

もし答えることが「何もない？」と思っても、**「もし答えがあるとしたら……」「もし答えを知っているとしたら……」「もし答えをわかっているとしたら……」などと自分に問いかけてみましょう。**

やがて答えやヒントが閃《ひらめ》くことでしょう。

さらには、「以前やっていていまはやらなくなったこと（得意・不得意は一時的に棚上げして）」を実際にやってみる。「死ぬまでにやりたいことをできるかぎりリストアップしてみる（多ければ多いほど可）」「理想の1日をイメージする」「夢に没頭して挑戦している人に会いに行き、よかったらサポートしてみる」「やりたいことがないのなら、今、目の前にあることに人一倍情熱を傾けてやってみる」なども夢を見つける手がかりになることでしょう。

※これ以外にもあなたの可能性を広げる質問を「宝地図・公式サイト」上にて、用意しております。ご希望の方は、インターネットにて【宝地図　プレゼント】と検索してみてください。

042

あなたのなりたいモデルを探そう

よく「○○な人間になりたいと思うんですが、そんなときはどうしたらよいでしょう?」という質問をされます。

その場合、一番いい方法は、「あなたがモデルとする人を探し、その人の写真を手に入れるか、できればその人と一緒の写真を撮ってきて『宝地図』に貼り、学びたいところを徹底的に吸収する」ことではないでしょうか。

成功法則のひとつに、「目標とする人とできるだけ頻繁に交流せよ」というものがあります。私はこの法則を大いに活用してきました。いまでも尊敬する人にはすぐ会いに行き、モデルとして身近で研究させていただいています。

ひとりの人から学ぶときは、徹底していて、その人に関する書籍・CD・DVD・記事・情報・グッズそのほか手に入れられるものはできるだけ集めて、その人の情報で頭と心を満たします。もちろん歩きながらいつもその人の音声をイヤホンで聴くし、どこに行くにしてもその人の本を片時も手離しません。

また、何か課題があったり、チャンスが生まれたり、人間関係で悩んだり、ポイントと思われることは、その人ならどのように考え、行動するか、自問自答し、行動します。そんなことを半年もしているといつの間にか、モデルとしている人のよい点を吸収できるようになっていきます。

以前の私の「宝地図」には、前にも紹介したマーク・ヴィクター・ハンセン氏とジャック・キャンフィールド氏の写真が貼られていました。執筆を熱心に行いたかったからです。それも心あたたまる、そして人に勇気を与える内容を、どんどん書いていきたいと思っていたからです。

それにピッタリだと思うのが『こころのチキンスープ』(ダイヤモンド社)のような内容であり、それをもたらしたふたりのような才能だからです。

お蔭で、もう10年余り、メルマガやfacebookで、毎日のように情報を発信し続けることができています。

043

夢・実現の確率を高めるちょっとしたコツ

「「宝地図」はどのくらいの確率で実現しますか?」と質問する人がいます。もちろん、その人の夢の大きさや、「どこまで本気で実現できると思っているか」によって、ちがいが出てきます。

しかし、私の場合、「3割4割は当たり前」どころか、7割8割は当たり前という感じです。それも、自信もなければお金や人脈もなかった20年余り前でも……。ましてや期限が遅れて達成したものを入れれば、私の場合、ほぼ100%に近い確率です。

私が特例かというと、そんなことはありません。あなたも7割、8割も不可能ではありません。当たり前と思うようになるでしょう。ただ、そこにはすこしばかり、コツがあるように思います。

そのひとつは、**「自分のちょっとした変化をキャッチし、ほめて、自分自身にご褒美《ほうび》をあげる。それも頻繁に」**ということです。

「宝地図」で成果を上げ続けている人は、どんな人でしょう？　傾向を見ると、能力があった人というよりは、成果を頻繁に確認し、自分を大いにほめてあげた人なのです。小さな成果でも自分を認め、頻繁に達成感を味わった結果、やる気と情熱が長続きし、しだいに自信が確信に変わっていきます。そして、ついには大きなことをやり遂げられるようになったという人がたくさんいます。

「目標が行動を促し、成果が行動を持続する」（ケン・ブランチャード）といいます。

一歩行動すること、情報やヒントが集まること、シンクロニシティが起こること、支援者が増えることなどなど、これらもみんな立派な成果として讃えてあげましょう。

仮に目標がかなえられなかったからといって、がっかりすることはありません。

それでも、あなたが挑戦したということを評価してあげてください。仮に目標の50％しかいかなかったとします。それでも、目標を描いていなければ、20％もいかなかったはずです。そのチャレンジのなかであなたの能力が磨かれ、経験が蓄積され、チャレンジしている姿に応援者も自然に現れてきます。

いつも当たる的ばかり撃っていても、何の進歩もなければ、喜びもありません。

044

「ミニ宝地図」で、夢の自動実現装置にスイッチを入れよう

「宝地図」がどれだけ効果があり、魅力的であるかを記してきました。しかし、つくり始めるのに、ちょっと時間がかかってしまう人がいるのも事実です。

「今度の日曜日に、ホームセンターに行ってコルクボードを買ってから始めよう」と思っても、日曜日になると用事ができてしまって、「あとでやろう」と先延ばしになってしまったり、ついつい、いつの間にか実践しないで忘れてしまう。そんな方がいます。そこで、もっとカンタンに始められる方法が必要だと感じました。

そこでたったの5分、それもほとんど用意も必要ありません。そんなツールをご紹介しましょう。**これなら「先延ばし」にならないですむと思います。**

その誰でもいますぐつくれるのが、「ミニ宝地図」（夢実現シート）です。

「ミニ宝地図」のつくり方はとってもカンタンです。129ページの「ミニ宝地図」に書

き込むだけです。

それも、最初に書くのは3点だけです。写真などは後回しにして結構です。最初からすべてを埋め尽くす必要はありませんので、いますぐ始めてみてください（拡大コピーをお使いください）。

❶実現したい夢と期限を文字で書き込みます

❷それが実現したら、どんなご褒美を自分自身にプレゼントするか文字で書きます

❸あなたの名前をサインします

たったこれだけで、とりあえず完成です。

これなら、いますぐ始めることが可能ですね。

いますぐ「ミニ宝地図」に書き込み、机や冷蔵庫など、毎日、何回もみるところに貼っておいてください。携帯電話の待ち受け画面も必須ですね。その間たったの5分。

これだけで、あなたの心と体にスイッチが入ります。しかも夢に一歩近付き、加速がつくならやってみる価値がありますね。

「ミニ宝地図」を目につくところに貼り出しさえすれば、あとは、数日かかってもかまいません。

夢やご褒美に対するイメージや写真を探します。お店に行ってカタログやパンフレットをもらって、ピンときた写真を貼りつける。雑誌に載っている憧れの人の写真を自分の将来像として貼り付ける、など。

ピッタリの大きさの写真が見つからなくてもいいのです。少々はみ出しているくらいでも逆に目についていいですよ。そして、あなたがニッコリしている幸せそうな写真も貼りましょう。

5分でできる「ミニ宝地図」を文字だけでもいいので、まずはつくっておいて、後々イメージしやすい写真を見つけて、貼るようにしましょう。そして、近いうちにA1サイズの大きな「宝地図」に発展させていきましょう。

のミニ宝地図

年　月　日までに

★

★

★

自分の実現したい
夢に関する写真、
雑誌やパンフレットの
切り抜きを
ここに貼ろう

という夢が
実現しました！
ありがとうございます

夢実現おめでとう！
達成したらご褒美をあげよう

ここに
あなたの笑顔の
写真を貼ろう

ここに
ご褒美の
写真を貼ろう

夢をかなえたら、
ご褒美として
［　　　　　　］
を自分に
プレゼントする！

書いた日：　　年　月　日

サイン：

※コピー機で「A4の紙」を指定して、141％の倍率で拡大コピーして使いましょう

045

「好きなこと」をすれば成功するの？

いいえ、そうとはかぎりません。しかし能力は発揮しやすくはなりますね。「努《つと》むるは好むに如《し》かず。好むは楽しむに如《し》かず」（努力するより好きになれ、好きになるより楽しもう）ですから。だからといって、成功するとはかぎりません。それだけで生活ができるともかぎりません。それでも、好きな環境やモデルとする人に近付いていくと、思いもかけぬ形で応援が来る場合があります。

たとえば、カウンセラーになりたい、コーチングやヒーリングで生活を立てたいと思って養成学校に通う。しかし、そこではかなり経験豊富で心理学の造詣《ぞうけい》が深い人や、話術や対人関係の才能がある人が受講している。周りと比較すると実力に自信がなくなる。また、才能があってもそれだけでは生活が成り立っていかない。まして私では……。

カウンセリングの能力が抜群で、知識も十分にあって、しかも人脈があって、運もよいといった条件が整わないと、そうカンタンには成功はできないように見えます。とくに競争の激しい、人気のある分野では……。

しかし、そこで熱心に好きなことをし続けていれば、すばらしいチャンスに、仕事に、人脈に、親友に恵まれる確率が増えてきます。好きな業界の関連にいるので、好きでもない業界にいるよりは輝いているし、熱心に情熱を傾けることもできるでしょうし、アイデアも浮かぶでしょう（もちろん、無謀な転職を勧めているわけではありません）。

そうすると、いろいろな話が持ち込まれてきやすいでしょう。イキイキとしている人とつまらなそうにボーっとしている人とでは、やはり持ち込まれる話もちがってきます。また同じ話が持ち込まれても、アイデアの閃《ひらめ》きはちがいます。**24時間365日、寝ても醒めてもそのことを考えても苦にならないのですから……。いえ、むしろ考えることが楽しくて、放っておいても勝手に頭や体が動いてしまうのです。**

「宝地図」で、好きなことを仕事にするという夢をかなえたのが原村和子さん。20年前、講座を受けたあと、キャリアアップ、結婚、一戸建ての家と次々と夢をかなえていきました。育児もひと段落したところで、自分のライフワークを生きようと決意します。そして多忙ながらも、コーチングに「宝地図」の手法も取り入れ、全国的に活躍するまでになりました。このような人が多数いらっしゃるのです。

046

「夢を仕事にする」ために必要な10のこと

自分が好きな業界の周りに、ビジネスや仕事を探すことができれば、幸せだと思ったことはありませんか？　才能があるとか、特別に運がいい人でないと、そんなチャンスに巡り会えないと、多くの人が思っているようです。

でも、**その選択肢を広げる方法を次にご紹介しましょう**。私の20年来の親友で、本書の推薦文も書いていただいた本田健氏（500万部のベストセラー作家）が日頃から語っている話です（『「ライフワーク」で豊かに生きる』サンマーク出版）。

具体的には10個の仕事のモデルです。

【1】好きなことをする
【2】好きなことを書く
【3】好きなことを人に話す

【4】好きなことをグッズにする
【5】好きなものを売る
【6】好きなことを広める
【7】好きなことを教える
【8】好きなことを組み合わせる
【9】好きなことをプロデュースする
【10】好きなことをする人にサービスを提供する

このような仕事のモデルを知っていると、あなたの可能性も広がると思いませんか？

もちろん、「宝地図」だけで何でもかんでもうまくいくというわけではありません。あなたが取り組む分野のスキルを学び、能力を高める必要があります。

そして、自分自身をPRする力なども当然必要になってきますね。そこまでは本書で述べることはできませんが、必要な情報を見事にキャッチするすばらしいアンテナの役目を、「宝地図」は果たしてくれるでしょう。

047

人生に無駄なことなどひとつもない！

私は、「好きなことをする」ことに何回も挫折しました。普通の人だったらあきらめているだろうな……、というくらい。実際、私がその才能に惚れ込んでしまうほどの人が、あきらめて業界を去っていきました。

私は、能力開発や心身の癒しに関する講師として活躍したかったのです。その過程で生活を維持するために、さまざまなことをしました。憧れの先生をプロデュースする。プロデュースする人のことを書き、話し、広めることをしていきました。グッズ販売もしました。作家の本田健氏が言うモデル10個をすべて経験しました（もっとも中小企業の経営者や独立事業者は、誰でも同様のことをやっているかもしれませんが……）。

すると、チャンスがすこしずつやってきて、「好きなことをする」（自分が講師として話す）機会が増えてきました。しかも、いままで学んだ、講師をプロデュースすること、紹介するために書くこと、グッズをつくることなど、すべて自分が「好きなことをする」た

めに役立てられることばかりでした。
さらに、いまは事業が広がり、受講生の数もどんどん増えてきているので、ひとりで講師業をしているだけでは、とても教えきれなくなりました。そこで、会社として「講師育成」をしたり、広めることにエネルギーを注ぐようになりました。

そして、いまは「好きなことを書く」ことや、有能であるにもかかわらず埋もれている人を発掘することにもワクワクしています。ここにもモデル10個の経験が活かされているのです。

心から思います。「人生に無駄はない」と。熱心に、やるべきことを、工夫しながらやり続けていれば……。

048

自信とツキを呼び込む「宝地図」のつくり方

「夢の実現に自信が持てないのですが……」というような相談を受けたとき、私がすすめる方法があります。「では、自信やツキを呼び込む『宝地図』をつくりましょう！」と言うと、相手の方の表情が一瞬にして変わります。

「その方法は、過去の成功したことや実績を上げたこと、嬉しかったこと、幸せだと感じたこと、ツイてること、あなたが誇りに思うことを思いつくかぎり書き出して、そのなかからベスト10を『宝地図』に書き込んでください」ということをお話しします。

ちょっとしたことでもかまわないのです。「こんなことができたね」「すこし進歩したね」「あの本から感動をもらえたね」「ある方のあのひと言が支えになっているね」、そんなことでいいのです。

親しくさせていただいている幸せな小金持ちの方々や、成功した方々のご自宅や会社にお伺いして、応接室などに通されることがあります。

するとそこは、その人や、その会社がいままで成し遂げたすばらしいことの総決算が所狭しと飾ってあったりします。数々のトロフィー、表彰状、ご家族の旅行のときの幸せそうな写真、家宝の置物、自慢の趣味、取材された雑誌や新聞の記事、お客様や友人からの感動・感謝・感激の手紙やハガキなど……。

そこで過ごすだけで、いつもプラスのエネルギーが降り注いでくることでしょう。成功者は、無意識のうちにそのような空間を周りにつくっているんですね。

さて、早速今日から、あなたも自分に勇気と元気、そして幸せ、なんてツイてるんだろう、と思えるようなもので取り囲まれてみませんか？

とはいえ、いっぺんに部屋を大改造することはできないでしょうから、**まず一歩、あなたがちょっとでも幸せに思えるものをひとつでも増やして、目につくところに置いていきましょう。**

私はこの原稿を、家のパソコンで書いていますが、いままで書いた、そして監修した30冊余りの本から広がる「すばらしい作品ができるよ、期待してるよ！」というエネルギーに囲まれています。そのエネルギーがあなたに伝わるでしょうか？

049

スランプに陥ったときに、すぐに抜け出す方法

では、いますぐやる気さえあればカンタンにできる、「自信とツキを呼び込む宝地図」のつくり方をお教えしましょう。

いままでの自慢の作品や、嬉しかったあの人からの手紙を探していると、すぐ夜が明けてしまうかもしれません。そこでいまから言うリストを1項目でもいいから書いて、机の前にでも貼ってみてください。これはまだ、「宝地図」とは言えないかもしれませんが、それでもあなたに元気を与えてくれます。

たとえば「ミラクル・リスト」。いままで体験したことで、とてもすばらしいことを列記しましょう。

「サポーター・リスト」は、あなたの幸せを願ってくれる人、応援してくれた人、好意を持ってくれている人、あなたの成功がメリットを与える人。仕事をしている人は、あなたの成功が、そのままお客さん、取引先、会社に貢献することになりますね。「感謝リスト」

「達成リスト」「元気をもらったリスト」などもあります。これらのリストがある程度、できあがってきたら、そのなかからベスト10を選び、「宝地図」をつくりましょう。

えっ？　ほとんど思い浮かばないですって。

大丈夫です。何も思い浮かばない、という人も、そのような思考回路に慣れていないだけですから。あなたがいまこの本を読んでいるということは、実にたくさんの人の応援や愛があったからこそできていることです。いまは白紙のままでも机の前に置いておけば、やがて潜在意識は自然に答えを探してくれます。

この「宝地図」をつくる効果は計り知れません。面倒くさがらずにつくりましょう。この「宝地図」をいつも目にしていると、自分がいままでしてきたことを誇りに思うようになりますよ。少なくとも今日よりも明日は！

スポーツ選手がスランプに陥ったときに、何をするかご存じですか？　よく行うのが、**「自分が最高の状態のときのビデオを、何回も何回も繰り返し見て、最高の状態を思い出し、自信とやる気を取り戻す」**のです。あなたも、自分の最高の状態を「宝地図」で再現しましょう。一度つくってしまえば、いつでも元気をもらえますよ。

050

目標を忘れないために「成功日記」をつける

目標を紙に書くだけでも実現する人がいます。あきらめなければ！　でも何回も言うように、多くの人が目標の存在さえも忘れてしまいます。

そこで目標を1日数回思い出す、そしてその目標の方向に向かっていることを確認し、自分を励ましてあげることが大切になるのです。そのためには、すこしでも進歩したことを日記に書くのもよい方法です。私は、「成功日記」と名付けています。

たとえば、「2015年9月末までに、通勤1時間以内の閑静な住宅街に、3階建ての家を建てることができました。ありがとうございました」というのが、あなたの目標だとします。

5月15日　「宝地図」をつくった。ワクワクした。「絶対かなう」そんな気がした

5月16日　なんだか新聞広告の家のチラシが目に飛び込んできた

5月17日　家に帰る間にある、吉祥寺○丁目の白い洋風の家がとっても気に入った。あんな家が欲しいな。今度、デジカメで写真に収めよう
5月18日　エッちゃんとディナー。いつもデザートを頼むのだけど、今日はダイエットも兼ねて頼まなかった。これで500円節約。貯金箱に入れた。そうだ、毎週500円玉貯金をしよう。このくらいなら無理なくできて、続けられそう
5月19日　『7つの習慣』の第一の習慣「主体性を発揮する」を読む。周りや環境に振り回され、言い訳を言ってきたが、主体的に行動し、夢をかなえていくぞ
5月20日　書店でハウジング雑誌をパラッと見た
5月21日　休日を利用して、気になっていた家に行き、しっかり写真を撮ってきた。プリントアウトして、早速「宝地図」に貼る。とってもいい感じ

こんなちょっとしたことでもかまわないのです。**あなたが目標と定めた方向に、すこしでも歩み寄ったことを、「成功日記」に自由に書いていきましょう。**

日記と言いましたが、毎日書かなくてもいいんです。気楽に思い付いたときに書けばいいのです。

051

夢の実現シーンをイメージして文章にする

『宝地図』を作成した後にセミナー中に行う効果的な実習を紹介しましょう。すでに「宝地図」を達成した自分になったつもりで「達成までの軌跡を語る」という実習です。ちょっと恥ずかしがる人もいますが、とってもパワフルな実習です。なかには、自分が語った言葉をその場でテープにとって、何回も聞き直して、イメージ・トレーニングする人もいるくらいです。３分ほどで話し終わると、そこに参加したメンバーから「おめでとう」「よくやりましたね」「感動した」などの言葉とともに拍手をされます。

お決まりのルールとはいえ、拍手が嬉しいし、「やるぞ！」という気になるものです。私も講演をするときに、ポロッとあんまり深く考えずに「こんなことをやりたい」などと言ってしまうことがあります。すると、言ったからには「やるぞ！」という気になり、不思議とかなってしまうものです。

さて、これはセミナーに参加しなければできないということではありません。あなたが未来の夢を実現したシーンを想像しながら、文章をつくればいいのです。

それを未来形ではなく、現在形、あるいは日記のように「○年前に描いた夢が今日、実現しました。ヤッター。支援頂いた○○さんありがとうございました」と、過去形、過去完了形で、その感動するシーンを自由に想像すればいいのです。

潜在意識では「想像＝創造」です。潜在意識は想像と現実を区別しません。あなたの日記は、潜在意識に深く刻み込まれます。

そして、シナリオ通りに、未来のあなたがそれを見事に演じることになるのです。

052

イメージで、成功した「未来のあなた」に会いに行く

さて、「未来日記」と似た効果的な実習があります。「宝地図」を使ったイメージ・トレーニングです。目を閉じて、深い呼吸を数回行い、心身をリラックスしたあと、「宝地図」に描かれたことが、すべてベストなタイミングで実現したシーンを想像して、未来のあなたに会いに行きます。

そして、その感動を味わってみます。親友や仲間が笑顔であなたを迎えてくれます。その喜びや感動、感謝の感情を深くじっくりと味わってください。感じれば感じるほど、イメージでその地点に行けば行くほど、繰り返されれば繰り返されるほど、あなたのナビゲーション・システム（潜在意識）は見事に働きます。

想像であっても、「潜在意識」はそれを現実と感じ、あなたをその地点に導いてくれるようになります。具体的には、やる気や情熱・自信を高め、夢に向かって、現実に一歩も二歩も進むよう行動することになります。

たとえ失敗したり、道をそれても、行動を変化させ、工夫して目的地に根気よく導いて

くれます。「信念だ」「根性だ」という精神論で同じ失敗を何回も繰り返し、燃え尽きるようなことも避けられます。

なぜなら、ヒントやアイデアやシンクロニシティをどんどんあなたに与えて、新しい方法やチャンスが得られるからです。それが潜在意識の働き、操縦の仕方だからです。

鍵は、自分の夢が達成された瞬間にタイムスリップして、その「幸せな気分・感情を先取りして何回も味わってみる」ことなのです。するとその感情が、あなたをさらに確実に導いていきます。

未来の喜びに溢れたあなたを、いま感じ、感謝のうちに、今日を生きましょう。

053

「宝地図」とイメージ・トレーニングの相乗効果

それではどのようにイメージ・トレーニングを行うのか？　具体的にご紹介しましょう。一流のスポーツ選手は意識的にも無意識的にも必ず行っているのが、このイメージ・トレーニングです。これを「宝地図」とミックスして行うと、とても効果が上がります。次のようなステップを踏んで行うとよいでしょう。

❶目の前の「宝地図」をニコニコ、ワクワクしながら眺めます
❷椅子に座るか、横になり、目を閉じて腹式呼吸を2〜3回行います（体と心を、少しリラックスさせます）
❸いままでの人生で最高の幸せや感動や喜びを味わったときのことをＶＡＫ（視覚・聴覚・体感覚）を効果的に使って思い出し、その感情・感覚を味わいます
❹「宝地図」に描いた夢が実現したところをできるかぎり詳細にイメージします。夢が実現したときにどんな気持ちがするか感じ、感謝の気持ちも味わいます（もし時間が許せ

ば、現在から夢が実現するまでのおおまかな流れをイメージしてもよいでしょう）

❺夢を実現した未来のあなたから、いまのあなたへ何かメッセージやヒントがあったら受け取ってください

❻ワクワクして感謝があふれ出したところで、今日（明日）1日、いまから1週間・1カ月、夢実現に向かってどんなことをするのか？　そしてそれが理想的に進んで波に乗っているあなたをイメージします

❼「あらゆることが最適な形で最適なタイミングで実現することができました。ありがとうございます」と心のなかで唱え、深い腹式呼吸を数回行います。その後、「気持ちいいな〜」と声を出しながら大きく手足を伸ばして静かに目を開けます（夜、横になって行うときは、そのまま眠りについてもいいでしょう。翌朝の目覚めがちがってきます）

一流選手は、自己ベストや最高のパフォーマンスを発揮したときと同じ心拍数や筋肉の動きをイメージ・トレーニングで再現できるといいます。**あなたもやがてイメージしていた「最高の未来」とまったく同じシーンを、現実に見ることができることでしょう。**そのときの感動を、いま感じることもできます。その感動とリアルなイメージが、ますます夢をあなたに引き寄せてくれます。

054

「人生で重要なこと」を、先延ばしにしていませんか？

「宝地図」の第一歩としては、心ひかれるものがあったら、興味半分でもかまわないので、すぐ始めていただきたいと思います。ただ、ある程度試されたら、「あなたの人生でもっとも大事なテーマ」について、探求する道具として使っていただきたいと思っています。

「80対20の法則」というのをご存じですか？　**「結果や報酬の80％は、それを生み出そうとした20％の原因・努力・時間などから生まれる」**というものです。ちがう言い方をすると、「目標が明確でないと、80％の努力はほとんど報われない。80％の時間はつまらないことに消えていく。だから、20％の重要なことに焦点を合わせよ」ということです。

この忙しい現代には、とくに重要なポイントだと思います。私も含めて多くの人が、あまり重要とは言えない緊急のことや、人生の本質や意味と、あまり関係ないことに振り回されています。そして、重要な20％をいつまでたってもやり始めないのです。

「宝地図」をつくることを通じて、あなたの夢を実現するとともに、あなたにとって、とても重要なものを探るきっかけにしてほしいと思います。そして、重要なことがわかったら、それをしっかりと「宝地図」に組み込んでいただきたいと思います。

不況とかリストラとか、暗い話題が多いなか、この「宝地図」こそが多くの人に求められているものではないか、と私は思っています。

また、夢に向かってチャレンジする、あなたのような人が求められているのではないかと思います。あなたが夢に向かっている姿は、ハツラツとして周りの人に元気を与えます。あなたを中心に、その輪が自然に広がっていきます。どんな大事業も、大変革も、最初は、たったひとりの夢、たった一歩から始まりました。その夢が多くの人の心を揺り動かし、大発展を遂げたのです。

「あなたが鮮明にイメージできたこと」は、あなたを通じてこの世のなかに実現されるのが約束されたようなものです。

夢を描き、果敢にチャレンジしていきましょう。必要なものは、その間にすべて与えられるのです。

おわりに

最後までお読みいただいてありがとうございます。

本書はこれから魅力的な夢に向かって、いま、幸せを味わいながら、自分に与えられたチャンスを最大限に活用していこうとするあなたのために書きました。そして実は、20年余り前の妻と私に向かって書きました。

ちょうど私が「宝地図」にはじめて出会った直後、友人同士が「持ち回り講師」になって行っていた勉強会がありました。そのなかで「未来の自分から、いまの自分へのメッセージを受け取る」という実習を、友人のリードで行いました。今回紹介した「未来日記」や「イメージ・トレーニング」と同じような実習です。

その頃、私は人生のどん底でセルフ・イメージが低く、自信を喪失している時期でした。そこで、10年後の自分からのメッセージを想像しました。

そのメッセージは、

「よくやってるよ。夢をあきらめるな。いま、つらいかもしれないけれど、それもきっとすばらしい学びになり、将来役立つことになるから……。そして最後は必ず思い通りになるから……」

といったものでした。そのとき、「こんなことくらいでは挫《くじ》けないぞ！」と勇気をもらいました。

その直後、妻とも出会いましたが、しばらく経済的には冬の時期が続きました。その頃も、未来の自分からのメッセージを想像し、これからはよくなる一方だね、と語っていました。未来の自分から勇気をもらい、もちろん「宝地図」は、狭い２Ｋの寝室兼リビングの壁に貼られていました。

そんな、20年余り以前の自分たち夫婦に出会ったとしたら、どんなメッセージを届けるだろうか……と、今回、パソコンに向かって執筆をいたしました。

あなたにも、３年後、５年後、10年後の未来の自分からの応援メッセージが、「宝地図」を通じて届けられることでしょう。

「大丈夫、大丈夫、すべてはうまくいっている。絶対、絶対、うまくいく」と……。

謝辞

本書ができるまで、どのくらい多くの人にお世話になったか、とても数え上げられません。そのなかでも、直接、今回の本のなかでご紹介したことのインスピレーションをくださった方に、とくにお礼を申し上げます。

まず、私のメンターであるリネット・アイリス先生、神田昌典氏と本田健氏、チャック・スペザーノ博士、クリストファー・ムーン氏。とくに本田健氏には、推薦のお言葉までお寄せいただき、心より感謝しています。

次に、「宝地図セミナー」の先駆者であり、いろいろなアイデアをいただいた、関野直行氏、斎藤和典氏。インスピレーションを与えてくださった、マサ&ユウコ、タクちゃん、ユウコ、チャンパック。

そして私とともに全国で「宝地図」を広げてくださっている「宝地図ナビゲーター」の皆さん。一緒に関わってくださったすべての講師の先生方、並びに受講生の皆さん、本当にありがとうございます。

さらに、書籍を通じてシャクティ・ガワイン女史には、たくさんのアイデアをいただきました。

また、私が代表を務めるヴォルテックスを支え、多くの人々に癒しと感動と喜びを与えようと、日夜エネルギーを注いでくれている、すばらしいスタッフに心より感謝します。

そして、本書の編集を担当していただきましたダイヤモンド社の飯沼一洋さん、素敵なイラストを描いていただいたＡＫＩＦＵさんに感謝申し上げます。

そして、一緒に歩んでくれている妻の千恵子《ちえこ》と、ふたりの息子、こんな奇跡に満ちた世界と人生をプレゼントしてくれた両親に、心から感謝いたします。

２０１４年３月

宝地図ナビゲーター　望月《もちづき》　俊孝《としたか》

主な「参考文献」と「お勧めサイト」
(50音順。本文中に記したもの・絶版書は除きます)

●『[新版] あなたもいままでの10倍速く本が読める』
ポール・R・シーリィ(著)、神田昌典(監修)、井上久美(訳)
[フォレスト出版]

●『海馬/脳は疲れない』
池谷裕二・糸井重里(著)[朝日新聞出版社]

●『幸せな小金持ちへの8つのステップ』
本田健(著)[サンマーク出版]

●『非常識な成功法則【新装版】』
神田昌典(著)[フォレスト出版]

●『「ライフワーク」で豊かに生きる』
本田健(著)[サンマーク出版]

●本田健・公式サイト「幸せな小金持ちになるホームページ」
http://www.aiueoffice.com/

●「フォトリーディング®」のホームページ
http://www.photoreading-japan.com/

【著者プロフィール】

望月俊孝（もちづき・としたか）

夢をかなえる「宝地図」提唱者。

山梨県生まれ。上智大学法学部卒。中学時代から、古今東西の成功哲学、イメージトレーニングから健康法まで幅広く実践・研究を重ねる。

能力開発セミナー会社などを経て、独立するも失敗し、多額の借金をかかえる。再就職した会社も１年で突然リストラされる。そこから「宝地図」により１年でＶ字回復、３年で描いた夢をすべて実現。その後、次々と夢をかなえていく。

研修会社ヴォルテックスを設立。自己啓発プログラムの講師、カウンセラーとして、25万人の人材教育に携わる。

著書に、『９割夢がかなう宝地図の秘密』『100％夢をかなえる人の習慣』『幸せの法則』（KADOKAWA中経出版）、『夢をかなえる習慣力』（実業之日本社）、『癒しの手』『超カンタン癒しの手』（たま出版）、『「お金と幸せの宝地図」DVDブック』『飾るだけで夢が叶う魔法の宝地図』（マキノ出版）、『親と子の夢をかなえる宝地図』（プレジデント社）、『〔図解〕夢を引き寄せる宝地図』（三笠書房）、『１分でできる「癒し」と「希望」の習慣』『自分でできる心とからだの浄化法』（大和書房）など、30冊の著書の累計は70万部。多数の話題作があり、海外でも６カ国で翻訳出版されている。

※本書は、2003年にゴマブックス（株）より刊行された書籍
『幸せな宝地図であなたの夢がかなう』に加筆修正を加え、
［新版］としてダイヤモンド社より刊行したものです。

［新版］幸せな宝地図であなたの夢がかなう

2014年3月27日　第1刷発行

著　者――――望月俊孝
発行所――――ダイヤモンド社
〒150-8409　東京都渋谷区神宮前6-12-17
http://www.diamond.co.jp/
電話／03･5778･7227（編集）　03･5778･7240（販売）
装丁――――――重原 隆
イラスト――――AKIFU
本文デザイン・DTP―斎藤 充（クロロス）
製作進行――――ダイヤモンド・グラフィック社
印刷――――――勇進印刷（本文）・加藤文明社（カバー）
製本――――――ブックアート
編集担当――――飯沼一洋

ISBN 978-4-478-02740-0